D1754361

Edition Narrenflug

Richard Marsh

Irische Königs- und Heldensagen

Vorwort von James McKillop

Übersetzerin Gabriele Haefs

Edition Narrenflug

Inhalt

Vorwort von James McKillop   7

Einführung   9

Historische Sagen

Conaire der Große   12

Der Heldenanteil (Das Gastmahl des Bricriu)   29

Die Bóroama (Die Tributzahlung)   64

Die Sage von Maelodrán   83

Der Speer des Maelodrán und der Speer des Belach Durgein   89

Robert Bruce und die Spinne   94

Die Rote Hand von Ulster   95

Die Schlachtengöttin des Clan Turloch   95

Fionn Mac Cumhaill und die Fianna

Die Jagd nach Diarmuid und Gráinne   101

Eachtachs Rache   139

Fionns Schild   143

Wie Diarmuid zu seinem Liebesfleck kam   144

Fionn's Tod   145

Caoite beklagt das Ende der Fianna   147

Anmerkungen zu den Geschichten   148

Glossar   156

Impressum   160

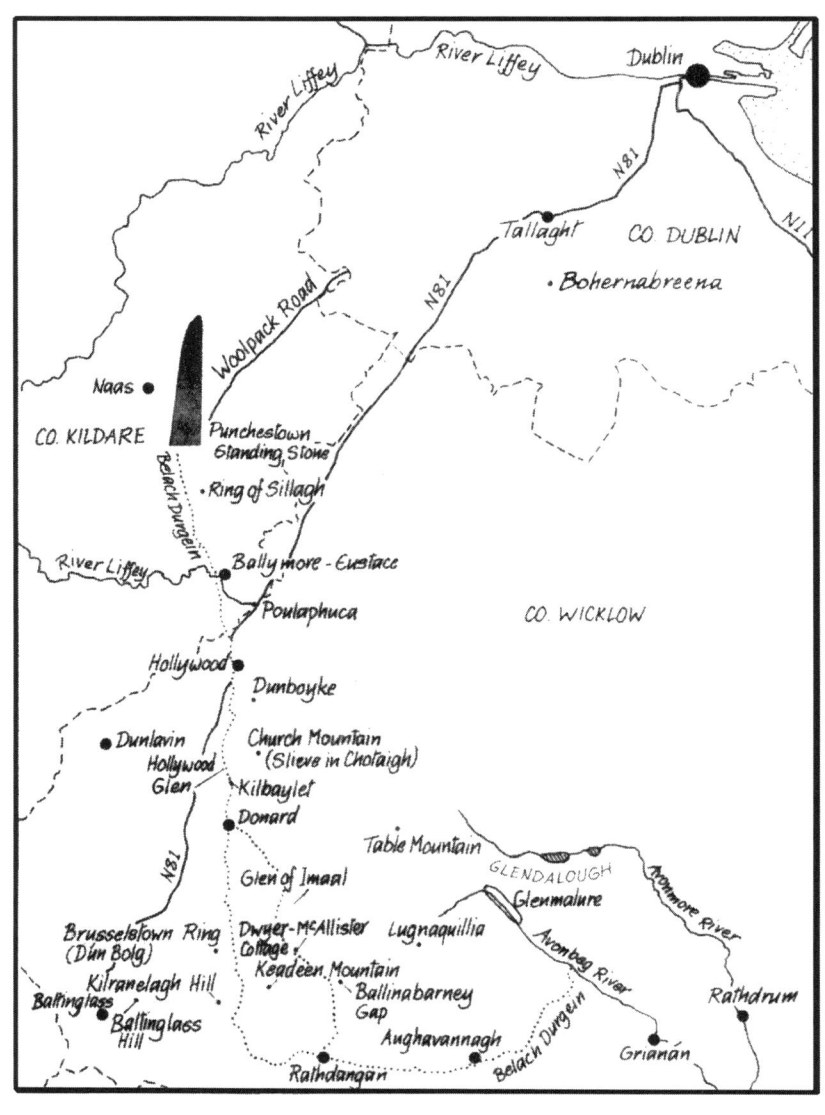

Places mentioned in the text
.... Proposed route(s) of Belach Durgein

Vorwort von James McKillop

Als Führer auf Wanderungen ist Richard Marsh immer wieder über irische Straßen und Wege gegangen. Diese klug investierte Zeit erklärt die Einzigartigkeit seiner Sammlung. Richard Marsh kann jede Geschichte, egal, wie obskur, geheimnisvoll, phantastisch oder einfach uralt sie auch sein mag, auf der Landkarte von Irland an einem bestimmten Ort unterbringen. Diese Geographie - diese Wirklichkeit - ist durchaus kein Zufall. Die Geschichten in dieser Sammlung wurden aufgezeichnet von gelehrten und privilegierten Schreibern, die vermutlich Leser und Hörer informieren wollten. Ihr Umgang mit dem Text war ein ganz anderer als der der *Seanchaí*, die in späteren Generationen Bauern unterhielten, die eben nicht lesen konnten. Die Berichte aus den „Irischen Königs- und Heldensagen" wurden aufgezeichnet, als nur eine kleine, hochangesehene Minderheit alphabetisiert war. Marsh dagegen möchte die Texte einem breiten modernen Publikum öffnen. Seine Methode kündet von Selbstvertrauen. Diese Geschichten, aus einer verschwundenen Welt, in einer Sprache, die nur wenige von uns beherrschen, können noch immer verstanden werden.

Während einiger Jahrhunderte gerieten diese Geschichten in Vergessenheit, einerseits, weil die englische Herrschaft über Irland die Anzahl der Menschen reduzierte, die Irisch lesen konnten, andererseits, weil deshalb die Vertrautheit mit der älteren Sprache immer weiter verschwand. Als das fast verlorene Wissen um die Mitte des 19. Jahrhunderts zurückgewonnen wurde, führten Ausländer wie der Engländer Whitley Stokes und der Deutsche Kuno Meyer diese Entwicklung an. Ihre Übersetzungen, die oft die komplizierte Ausdrucksweise und den Satzbau des mittelalterlichen Irisch übernahmen, waren für einen winzigen Kreis von Gelehrten bestimmt, für die der Unterhaltungswert der Geschichten keine Rolle spielte.

Die mitreißende Schilderung der Könige und Helden erregte die Aufmerksamkeit von immer neuen modernen Autoren, angefangen mit W. B. Yeats und James Joyce, und in neuerer Zeit die der vielgelesenen Fantasyverfasser. Das führte zu popularisierten Neuerzählungen dieser Geschichten, die alles Fremde glätteten und das Geheimnisvolle ausbügelten. Richard Marsh fühlt sich der Genauigkeit verpflichtet und erweist den besten

Gelehrten seine Reverenz. Aber wie ein willkommener Reisegefährte, der den Suchenden in der fremden Umgebung den Weg weist, erzählt er uns, was wir wissen müssen: Dass das irische Wort *buiden* (eine Herberge oder Banketthalle) die Form der Lippen eines Mannes widergibt, wenn er ins Feuer bläst.

James McKillop ist der Autor von **„The Dictionary of Celtic Mythology"**(Oxford) und **„Myths and Legends of the Celts"**(Penguin)

Einführung

Viele der faszinierenden historischen Sagen sind nur wenigen Menschen außerhalb der akademischen Welt vertraut. Diese Sagen sind in mittelalterlichen irischen Manuskripten aufgezeichnet, doch nur wenige wissen auch nur von ihrer Existenz. Die Geschichten in diesem Buch gehören zu meinem Repertoire als Geschichtenerzähler - wenn auch meine erzählten Versionen sehr stark vereinfacht sind -, und ich biete sie durch dieses Buch einem breiten Publikum an, damit ihnen die Aufmerksamkeit zuteil wird, die sie verdienen. Die hier versammelten Versionen der Geschichten sind zum Teil meine eigenen Übersetzungen aus dem Irischen und Zitate aus anderen Übersetzungen, wo ich den Eindruck hatte, weder das Original noch die Übersetzung verbessern zu können. Noch andere Teile sind Paraphrasen oder Nacherzählungen, wenn meine Quellen zu wortreich oder vage für den modernen Geschmack waren oder zu viele Wiederholungen aufwiesen. „Conaire der Große" und „Der Heldenanteil" sind größtenteils meine Übersetzung, die sich eng an das Original hält, weil ich den lebhaften Stil und die Erzählkunst der früheren Autoren beibehalten möchte.

Abgesehen von „Conaire der Große", welche es mit der Wirklichkeit nicht so genau nimmt, und „Der Heldenanteil", einer wilden Burleske, basieren die hier aufgenommenen Sagen auf historischen Tatsachen und real existierenden Menschen. Kurze Einführungen in die Geschichten verorten sie in ihrem historischen oder mythologischen Kontext. Ich habe an einigen Stellen, wo ich fand, dass sie den Fluss der Handlung nicht unterbrechen würden, kurze Erklärungen in den Text eingeführt.

Einem Gedicht aus dem „Book of Leinster" zufolge, das aus dem 12. Jahrhundert stammt, gehörten damals noch etwa hundertzwanzig Geschichten über Fionn Mac Cumhaill und die Fianna zum Repertoire der Geschichtenerzähler, und viele davon werden bis heute in Familien und Schulen erzählt. Fionn war immer der Held des einfachen Volkes, anders als die Elitekrieger der historischen Sagen. Fionn und Cúchulainn waren Vettern und haben denselben Großvater, den Fomore Balor mit dem Bösen Blick.

Eine Kurzfassung von „Die Saga von Maelodrán" und „Der Speer des Maelodrán und der Speer des Belach Durgein" wurde als „The Spear of Belach Durgein" veröffentlicht in: „Wicklow Archaeology and History, Vol. 2, 2002."

Über den Autor:

Richard Marsh ist ein Geschichtenerzähler, der sich auf irische, spanische und baskische Sagen spezialisiert hat. Er erzählt in Irland und anderswo und sammelt auf seinen Reisen Geschichten. In Irland führt er auch Wanderungen zu Sagenthemen durch, bringt die Teilnehmer an die Orte, wo die Sagen sich zugetragen haben, und erzählt sie vor Ort.

Abkürzungen:

AFM: die Annalen der Vier Meister (Annals of the Kongdom of Ireland from the Earliest Times to the Year 1616), s. O'Donovan, John

DIL: Dictionary of the Irish Language Based Mainly on Old and Middle Irish Materials, Compact Edition, Royal Irish Academy, Dublin, 1983, on-line Ausgabe eDIL.

JKAS: Journal of the Kildare Archaeological Society

JRSAI: Journal of the Royal Society of Antiquaries of Ireland

MS Mat: - s. O'Curry, Eugene, Lectures on the Manuscript Materials ...

PRIA: Proceedings of the Royal Irish Academy

RC: Revue Celtique

Historische Sagen

„Die Menge an Geschichte, die in diesen Geschichten enthalten ist, muss noch immer untersucht werden … Ich halte es jedoch für wahrscheinlich, dass die Historiker der Zukuft feststellen werden, dass Conn der Hundert Schlachten und Eogan Mór und Cathaer Mór, König von Leinster, und der berühmte Cormac Mac Airt historische Gestalten waren, und dass eine ziemlich zuverlässige historische Tradition bereits im zweiten Jahrhundert der christlichen Zeitrechnung nachgewiesen werden kann."

Myles Dillon: **The Cycles of the Kings**, 1946

Conaire der Große

Diese erstmals im 8. Jahrhundert aufgeschriebene und im Lebor na hUidhre (Das Buch der graubraunen Kuh) aus dem 12. Jahrhundert und in späteren Manuskripten aufgezeichnete Geschichte erzählt vom Ende des con Conaire Mór, eines Königs von Irland, der im Jahre 40 v. Chr. starb. Der irische Name dieser Sage ist „Togail Bruidne Da Derga" - „Die Zerstörung von Da Dergas Herberge". Es wimmelt nur so von mythischen Elementen, und nach Ansicht der meisten Fachleute ist Conaire keine historische Gestalt, während die geschilderten Ereignisse mehr oder weniger historisch sind. Es gibt keine Erklärung dafür, dass Conall Cernach und die anderen Helden aus Ulster in diese Saga aus Leinster importiert wurden. Der Grund ist vermutlich, dass die Geschichten des Ulster-Zyklus allgemein bekannt waren, als die Geschichte aufgeschrieben wurde. Diese zum Teil nacherzählte und zum Teil übersetzte Version ist ungefähr ein Drittel so lang wie die im Lebor na hUidre und vermeidet viele Wiederholungen und überflüssige Details.

Die romantische mythologische Geschichte von Midir und Étaín dient dieser Geschichte als Prolog. Midir, der Herr der Sidhe (die Anderwelt), entführte Étaín, die Gattin des menschlichen Königs Eochaid Ariem, und Eochaid ließ mehrere Sidh (Feen)-Hügel öffnen, um sie zurückzuholen. Die Sidhe verlangten Rache für diese Zerstörungstat, indem sie Eochaids Enkel, Conaire, dazu brachten, die von ihm von seinem Vater, einem Vogelmenschen, auferlegten *Geasa* (Einzahl: Geis, magische oder rituelle Verbote, Tabu) zu brechen, was zu seinem Tod führte.

Eochaids Tochter Mess Buachalla wurde von Eterscel, dem nächsten Hochkönig, zur Gemahlin begehrt. Vor ihrer Hochzeit kam ein Vogelmann zu ihr, legte seine Vogelhaut ab und war mit ihr zusammen. Er sagte ihr, sie werde einen Sohn gebären, den sie Conaire nennen sollte, und er belegte Conaire mit dem Geis, Vögel zu töten. Aber Mess Buachalla vergaß, Conaire von diesem Tabu zu erzählen.

Conaire hatte drei Pflegebrüder, seine Neffen, die Söhne seiner Schwester und Donn Desas, Eterscels Heldenkrieger: Fel Le, Fer Gair und Fer Rogain. Conaire besaß drei Gaben, Gehör, Weitblick und Urteilskraft, und er gab jedem seiner Pflegebrüder eine davon.

Nach dem Tod von König Eterscel rieten die Pflegebrüder Conaire zum Stierfest in Tara zu gehen, bei dem der nächste Hochkönig ausgesucht werden sollte. Bei diesem Ritual wurde ein Stier geschlachtet, und ein Seher trank sein Blut und aß sein Fleisch, dann wickelte er sich in die noch dampfende Stierhaut und legte sich schlafen. In einer Vision sah er den von den Göttern ausgesuchten neuen König Irlands. Drei Könige beobachteten dann die vier Hauptstraßen nach Tara so lange, bis ein Mann des Weges kam, auf den diese Beschreibung zutraf.

Conaire machte sich allein auf den Weg und sah unterwegs gesprenkelte Vögel von ungewöhnlicher Größe und beeindruckender Schönheit. Er wollte sie erlegen, aber die Vögel lagen ihm immer um eine Speerwurfweite voraus, bis er zur Schleuder griff und sie besiegte. Dann legten die Vögel ihre Vögelhäute ab und einer kam zu ihm und sagte: „Ich bin Nemglan, dein Vater und König des Vogelreiches. Weißt du nicht, dass die Vögel deine Verwandten sind und du sie nicht töten darfst?"

„Das höre ich heute zum ersten Mal", sagte Conaire.

„Vorige Nacht", sagte Nemglan, „sah der Seher beim Stierfest in seiner Vision einen nackten Mann mit einer Schleuder und einem Stein über eine der Straßen nach Tara wandern. Geh also nach Tara und sei König."

Und Nemglan belegte ihn mit acht weiteren Geasa.

Er durfte Tara nicht auf seiner rechten Seite passieren, oder Bregia (die Ebene, in der Tara liegt) auf seiner linken, er durfte nicht die „krummen Tiere von Cerna" jagen (vermutlich Schwäne), durfte sich nicht für neun Nächte nacheinander aus Tara entfernen, nicht in einem Haus bleiben, dessen Feuer von außen zu sehen war und in das man hineinblicken konnte, er durfte nicht drei Rote vor sich zum Haus des Roten gehen lassen, durfte keine Plünderungen gestatten, so lange er König war, durfte keine Frau und keinen Mann, die allein unterwegs waren, nach Sonnenuntergang in das Haus einlassen, in dem er sich aufhielt, und er durfte keinen Streit zwischen zweien seiner Untertanen schlichten, solange sie ihn nicht um Hilfe gebeten hatten.

Also legte Conaire seine Kleidung ab und ging mit seiner Schleuder und einem Stein weiter nach Tara. Bald schon wurde er entdeckt und zum letzten Eignungstest nach Tara geholt. Ungezähmte Pferde wurden vor einen Wagen gespannt und Conaire fuhr mit ihnen auf die beiden Blocc und Luigne genannten Steine zu, die so dicht beieinander standen, dass ein Mann kaum seine Handfläche dazwischen schieben konnte. Die Steine öffneten sich, um den Wagen durchzulassen. Dann fuhr Conaire weiter zum Lia Fáil (dem Schicksalsstein), der damals vor dem als Hügel der Geiseln bekannten Ganggrab stand, und er streifte den Stein mit seinem Wagenrad, so dass dieser mit der Stimme der örtlichen Erdgöttin aufschrie. Auf diese Weise wurde Conaire als rechtmäßiger König bestätigt und trat eine Herrschaft an, die siebzig Jahre währte.

Während dieser Herrschaft lagen die „Waldnüsse" (Eicheln) jeden Herbst knietief auf dem Boden, in den Flüssen wimmelte es von Fischen, kein Wind war zwischen Frühling und Herbst stark genug, um einen Kuhschwanz zu bewegen, und die Menschen waren so guter Dinge, dass alle Stimmen in den Ohren der Nachbarn lieblich klangen und niemand erschlagen wurde.

Das alles missfiel Conaires Pflegebrüdern, denn sie waren an Rauben und Morden gewöhnt. Sie stahlen einem bestimmten Mann jedes Jahr ein Schwein, eine Kuh und einen Ochsen, nur um zu sehen, ob sie ungeschoren davonkommen würden. Dieser Mann beschwerte sich bei Conaire, und Conaire sagte ihm, er solle dieses Problem mit den Pflegebrüdern selbst klären. Dass er diesen Diebstahl erlaubte, verletzte eins von Conaires Geasa. Auf diese Weise ermutigt, riefen die Söhne von Donn Desa dreimal fünfzig der Söhne von Herren des Landes zusammen und machten sich auf Beutezug durch Connacht. Sie wurden festgenommen und Conaire vorgeführt.

„Jeder Vater mag einen Sohn erschlagen, wenn er das wünscht", sagte er. „Aber lasst meine Pflegebrüder ins Exil geschickt werden."

Die Anwesenden einigten sich auf Exil für alle und die jungen Männer folgten den Söhnen von Donn Desa über die Irische See und schlossen sich dann Ingcél Caech an (der Einäugige), dem Sohn des Königs von Britannien, und seiner

Bande von Viehdieben, die Britannien und Schottland ausplünderten. Die Wegelagerer ermordeten im Haus des Königs Ingcéls Eltern und sieben Brüder. Dann luden die Söhne von Donn Desa ihre Bande ein, Irland auszuplündern.

Damals herrschte in Irland Friede, abgesehen von einer Fehde zwischen zwei Herren namens Corpre in Nordmunster. Ohne gebeten worden zu sein, reiste Conaire zu ihnen, schlichtete den Streit, verbrachte bei jedem der Männer fünf Nächte (wodurch er mehr als neun aufeinander folgende Nächte aus Tara fort war), und verletzte dadurch zwei weitere Geasa. Ingcéls Räuberbande war inzwischen eingetroffen und verwüstete die Umgebung von Tara. Als Conaire auf dem Rückweg von Munster durch Uisnech kam, konnte er überall Feuer und nackte Flüchtlinge sehen.

„Was ist denn hier passiert?", frage Conaire die Menschen dort.

„Das Gesetz des Königs gilt nicht mehr und das Land brennt", war die Antwort.

„Wohin sollten wir gehen?"

„Nach Nordosten."

Und deshalb umfuhr Conaire Tara auf seiner rechten und Bregia auf seiner linken Seite, jagte dabei aus Versehen die krummen Tiere von Cerna und verletzte damit zwei weitere Geasa. Ihm war gar nicht klar, was er da tat, denn das Sidhevolk hatte einen magischen Nebel heraufbeschworen, der sich mit dem Rauch mischte und ihn verwirrte. Er begab sich auf dem Slige Cuallann nach Süden, überquerte den Fluss Liffey und streifte den Westrand der Dublin Mountains.

„Wo werden wir die Nacht verbringen?", fragte er seinen Heldenkrieger, Mac Cécht.

„Es ist eher Sitte, dass die Männer von Irland um die Ehre deines Besuchs wetteifern, als dass du nach einem Quartier Ausschau halten musst", sagte Mac Cécht.

„Frucht kommt zur Erntezeit und ein kluges Urteil zur rechten Zeit", sagte Conaire. „Ich habe einen Freund, der hier in der Gegend lebt, wüsste ich nur, wo sein Haus steht."

„Und sein Name ist?"

„Dá Derga. Er hat mich einst um ein Geschenk gebeten und musste nicht mit leeren Händen von mir gehen. Ich gab ihm hundert auserlesene Stück Vieh, hundert mit Gras gefütterte Schweine, hundert feingewebte Mäntel, und hundert Schlachtwaffen. Ich gab ihm zehn Broschen aus rotem Gold, zehn

Fässer mit edlem Trunk, zehn Sklaven, zehn Getreidemühlen, dreimal neun weiße Hunde mit Silberketten und hundert siegreiche Rennpferde. Es wäre doch seltsam, wenn er uns da die Gastfreundschaft verweigerte."

„Ich kenne Dá Dergas Herberge", sagte Mac Cécht. „Die Straße, auf der wir uns hier befinden, wird uns hinbringen. Die Straße führt sogar mitten durch das Haus. Es gibt sieben Türöffnungen, aber nur eine Tür, und die wird benutzt, um die Türöffnung zu schließen, durch die gerade der Wind weht. Ich werde vorgehen und in deinem Zimmer ein Feuer machen."

Nachdem Mac Cécht und die meisten anderen aufgebrochen waren, sah Conaire drei rothaarige Reiter auf roten Pferden vor sich, sie trugen rote Hemden und Umhänge und rote Schilde und Speere. Alles an ihnen war rot, sogar ihre Zähne. „Wer ist denn das da vorn?", fragte Conaire. „Ich stehe unter dem Geis, die drei nicht vorzulassen, drei Rote zum Haus des Roten (Derga). Wer wird sie einholen und sie bitten, anzuhalten und mir den Vortritt zu gewähren?"

„Ich", sagte Conaires sieben Jahre alter Sohn, Lé Fri Flaith.

Lé Fri Flaith trieb sein Pferd an, konnte die Reiter jedoch nicht überholen. Immer lagen sie um eine Speerlänge vor ihm. Er rief ihnen zu, sie sollten den König vorlassen. Einer der Roten schaute über seine Schulter:

„Vogelsohn, große Nachrichten aus der Herberge weiter vorn.
Ein Haus der Asche, ein stinkender Gehenkter, Trauer und
Wunden, Fluche, Schlächterei. Bé Find, die Bleiche Frau, sitzt rittlings auf der blutroten Schlachtmeute, Vogelsohn."

Sie galoppierten von dannen und er konnte nicht mit ihnen Schritt halten. Er wartete auf einen Vater und berichtete ihm, was der Mann gesagt hatte.

„Reite ihnen hinterher", sagte Conaire. „Biete ihnen drei Ochsen und drei Schweine an und sage ihnen, dass in meinem Haus niemand zwischen sie und das Feuer kommen wird."

Der Junge setzte den Reitern hinterher, konnte sie aber nicht einholen, und einer sang über seine Schulter:

„Vogelsohn, große Neuigkeiten, es heizt, es wärmt, eine Warnung
an einen freigiebigen König der falschen Freigebigkeit, ein Weiser
behindert von neunfachem Geis, Vogelsohn."

Lé Fri Flaith berichtete das seinem Vater und Conaire sagte: „Reite ihnen hinterher und sage ihnen, sechs Ochsen und sechs Schweine und was immer morgen noch übrig ist, und in meinem Haus wird niemand zwischen sie und das Feuer kommen."

Der Junge setzte den Reitern nach, konnte sie aber nicht überholen, und einer von ihnen sang über seine Schulter:

„Vogelsohn, große Neuigkeiten. Die müden Hengste, die wir retten, gehören Donn Tetscoraig von den Sidhe. Wir leben und leben nicht, die verbannten Immerlebenden. Geier werden zufrieden sein, Raben gesättigt, die Schwertklingen werden gewetzt, Schilde aus Erlenholz werden nach Sonnenuntergang von den Schildbuckeln getrennt werden, Vogelsohn."

Als Conaire das hörte, sagte er. „Alle meine Geasa haben mich überholt", denn er wusste, dass drei der roten Reiter zu dem unsterblichen Volk gehörten, das von den Menschen in die Feenhügel und unter die Erde verbannt worden ist. Jetzt waren sie auf die Welt zurückgekehrt, um sich für die Taten seines Großvaters an ihm zu rächen. Die Reiter ritten weiter zur Herberge, banden ihre Pferde an der Tür fest und ließen sich drinnen nieder. Conaire aber hatte sich geirrt, denn zwei seiner Geasa waren noch unverletzt.

Dann trat ein Mann mit einem Auge, einem Arm und einem Bein auf Conaire zu. Seine schwarzen Haare waren so starr, dass man ihn mit Holzäpfeln bewerfen könnte, und alle würden aufgespießt werden und nicht einer zu Boden fallen. Die Nase dieses Mannes war so groß, dass sie hängen bleiben würde, wenn man sie über einen Zweig würfe. Seine Waden waren lang und dick wie ein Joch, und seine Hinterbacken so groß wie zwei Käse. Er hielt eine riesige Kochgabel in der Hand und hatte auf dem Rücken ein schwarz versengtes, widerborstiges Schwein, das mit Quieken einfach nicht aufhörte. Hinter ihm ging eine fette, düstere, hässliche elende Frau mit einem riesigen Mund, dessen Unterlippe ihr auf die Knie hing.

Der Mann sagte: „Willkommen, Herr Conaire, Ihr werdet schon seit langem erwartet."

„Und wer heißt mich hier willkommen?", fragte Conaire.

„Fer Caille, mit einem Schwein zu Eurem Abendmahl, damit Ihr heute Abend keinen Hunger leiden müsst, denn Ihr seid der beste König, der jemals auf die Welt gekommen ist."

„Und wie heißt deine Frau?"
„Cichuoil."
„Ich komme gern an einem anderen Abend, wenn es euch recht ist", sagte Conaire. „Aber lasst uns heute Abend allein."
„Nein", sagte der Mann. „Wir bleiben dort, wo Ihr heute Nacht unterkommt, lieber Herr Conaire." Und er ging weiter auf die Herberge zu, mit dem quiekenden schwarz versengten widerborstigen Schwein auf dem Rücken und der fetten Frau mit dem Riesenmund hinter sich.

Die Plünderer waren inzwischen in Howth eingetroffen. Ingcél, riesengroß, gewalttätig und ungeschlacht, mit einem schwarzen Auge mit drei Pupillen, und das Auge so groß wie eine Ochsenhaut, führte dreizehnhundert britische Banditen und noch mehr irische Wegelagerer an. Fer Le, Fer Gair und Fer Rogain bestiegen den Hügel von Howth und durch ihre Gaben des Hörens, der Weitsicht und der Urteilskraft, die ihr Pflegebruder Conaire ihnen geschenkt hatte, entdeckten sie Conaire und sein Gefolge auf der Landstraße. Das berichteten sie Ingcél, und die Flotte der Gesetzlosen, die aus hundertfünfzig Booten und fünftausend Mann bestand, segelte durch die Bucht von Dublin und steuerte den Strand von Merrion an. Als sie gerade an Land gehen wollten, schlug Mac Cécht einen Funken, um in dem Zimmer, das Conaire in Dá Dergas Herberge beziehen sollte, ein Feuer zu machen. Dieses Geräusch schleuderte die Boote wieder zurück auf See. Ingcél fragte nach der Ursache und Fer Rogain erklärte, es sei das Zischen, das Mac Cécht verursacht habe, als er für den König von Irland ein Feuer entfachen wollte.

„Jeder Funke und jeder Feuerschein dieses Mannes, der den Boden erreicht, könnte hundert Kälber und zwei halbe Schweine kochen."

„Gebe Gott, dass Conaire heute Abend nicht herkommt", sagten die Söhne von Donn Desa. „Es wäre doch traurig für ihn, angegriffen zu werden."

„Nicht trauriger als der Beutezug, den ich euch in Britannien geliefert habe", sagte Ingcél. „Es wäre ein Fest für mich, wenn Conaire dort wäre."

Als Conaire und ein Gefolge Dá Dergas Herberge erreichten, saßen die drei roten Reiter von den Sidhe und Fer Caille mit seinem Schwein bereits im Haus. Dá Derga kam hervor, gefolgt von dreimal fünfzig Kriegern mit schulterlangen Haaren. Sie trugen kurze grüngesprenkelte Hosen und kurze Umhänge und hielten schwere Schlehenknüppel mit Eisenringen in den Händen. Dá Derga begrüßte Conaire: „Zu Euren Diensten, Herr Conaire. Und wenn Ihr alle Männer Irlands mitgebracht hätten, sie wären willkommen."

Die Flotte der Viehdiebe landete am Strand und die Boote trafen mit einem dermaßen erdschütternnden Getöse auf das Ufer auf, dass die Waffen an den Wänden der Herberge aufschrien und zu Boden fielen.

„Was war das für ein Geräusch?", wollten alle von Conaire wissen.

„Wenn es nicht das Ende der Welt ist, dann bedeutet es, dass die Späher des Donn Desa gelandet sind. Welch ein Jammer, dass es diese Kämpen sind, meine geliebten Pflegebrüder, die uns heute Abend bedrohen."

Eine Frau, die einen gestreiften weichen Umhang trug, kam nach Sonnenuntergang an die Tür und bat um Einlass. Ihre Waden waren so lang wie der Balken eines Webstuhls und so dunkel wie der Rücken eines Käfers. Ihr Mund saß an der Seite ihres Kopfes. Sie lehnte sich an den Türpfosten und schaute Conaire und seine Mannen böse an.

„Nun, gute Frau", sagte Conaire. „Was siehst du, falls du eine Seherin bist?"

„Ich sehe, dass weder Fleisch noch Haut unversehrt diesen Ort verlassen werden, abgesehen davon, was die Vögel in ihren Krallen tragen können."

„Das ist nicht das böse Omen, das uns geweissagt worden ist, gute Frau", sagte Conaire. „Du bist nicht unsere übliche Wahrsagerin. Wie heißt du?"

„Calib."

„Das ist kein großartiger Name."

„Ich habe andere Namen."

„Und die wären?"

Die Frau stellte sich auf ein Bein und hob eine Hand wie ein Dichter, der den gefürchteten Clam Dícenn-Fluch verkündet, und sie sang ohne Atem zu holen: „Samon Sinad Seisclend Sodb Saiglannd Caill Coll Díchéom Díchiúil Díthim Díchuimne Dichruidne Darine Dáiríne Dérauine Egem Ágam Ethamne Gním Cluche Cetharam Níth Némain Nóennen Badb Blosc Boár óe Aife Ia Struth Mache Médé Mod."

„Warum bist du hergekommen?", fragte Conaire.

„Aus demselben Grunde wie du", sagte die Frau. „Gastfreundschaft."

„Ich stehe unter dem Geis, nach Sonnenuntergang keine allein reisende Frau einzulassen."

„Geis hin, Geis her", sagte die Frau. „Ich gehe erst, wenn ich hier heute Abend als Gast willkommen geheißen werde."

„Sagt ihr", sagte Conaire, „dass ich ihr einen Ochsen und ein Schwein und alles hinausschicken werde, was auf meinem Teller übrig bleibt, wenn sie bereit ist, anderswo Unterkunft zu nehmen."

Die Frau sagt: „Wenn der König so sehr alles Gefühl für Gastfreundschaft verloren hat, dass er einer einsamen Frau weder ein Mahl noch ein Bett geben mag, dann werde ich anderswo Essen und Unterkunft finden."

„Eine kühne Antwort", sagte Conaire. „Lasst sie ein."

Alle wurden nun von Angst und bangen Ahnungen erfüllt, wussten aber nicht, warum. Dabei war das letzte der neun Geasa gebrochen, der achte Verstoß entstand durch das „Königsfeuer". Conaire durfte nicht in einem Haus bleiben, aus dem das Feuer zu sehen war.

Die Viehdiebe konnten vom Strand von Merrion aus den Flammenschein aus der Herberge sehen. Dieses Feuer wurde in einem Kreis mit sieben Öffnungen errichtet und aus jeder Öffnung loderten Flammen hervor, die eine Klosterkapelle hätte vernichten können.

„Fer Rogain", sagte Ingcél. „Was ist das für ein Leuchten am Himmel? Es sieht aus wie das Feuer des Königs, wie Conaires eigenes Feuer. Gebe Gott, dass er nicht dort ist. Es wäre entsetzlich, ihn zu vernichten."

„Was ist er für eine Art König?", fragte Ingcél.

„Seit er König geworden ist, war von Frühling bis Herbst kein Tag ohne Sonne, der Tau liegt bis Mittag auf dem Gras und kein Wind bewegt vor dem späten Nachmittag ein Haar auf der Haut einer Kuh. Während Conaires Herrschaft hat kein Wolf pro Jahr mehr als ein Kalb einer Herde angefallen, und sieben Wölfe werden zur Sicherheit als Geiseln gehalten. Die drei Ernten Irlands erleben unter seiner Regierung eine Blütezeit: Getreide, Blumen und Eicheln. Die Menschen finden die Stimmen anderer Menschen so lieblich wie Lautensaiten, weil Conaire ein so hervorragender Herrscher ist und weil das zu Frieden und Wohlwollen führt. Gebe Gott, dass nicht Conaire heute Nacht hier ist, denn es wäre eine Schande, ihn zu töten, sein Leben zu verkürzen."

„Ein Glück für dich", sagte Ingcél, „dass er hier ist, denn so wird eine Zerstörung auf die andere folgen. Mich stört es nicht mehr als der Mord an meiner Mutter und meinem Vater, dem König meines Volkes, und meinen sieben Brüdern, den ich euch ermöglicht habe."

„Wahr gesprochen", meinten die harten Männer in der Bande.

Sie verließen den Strand von Merrion und jeder nahm einen Stein mit, um einen Cairn zu errichten, denn es war Sitte bei den Räuberbanden, zur Erinnerung an eine Schlappe einen Steinhaufen und zur Erinnerung an einen siegreichen Überfall einen Cairn zu errichten. Nachdem sie den Oe Cualann, den Suglarloaf Mountain, hinter sich gelassen hatten, aber noch immer ein gutes Stück von der Herberge entfernt waren und von dort nicht gesehen oder gehört werden konnten, bauten sie einen Cairn, denn hier sollte Vernichtung folgen. Sie türmten den Cairn auf, um ihre Verluste berechnen zu können. Wer vom Angriff nicht zurückkehrte, konnte seinen Stein nicht aus dem Cairn entfernen, und deshalb verraten die Steine, aus denen der Cairn Leca in Cualu Uí Cheallaig (im Südwesten von County Dublin und im Nordosten von Wicklow) besteht, wieviele Räuber in der Herberge erschlagen worden sind.

Die Söhne von Donn Des entzündeten ein „Königsfeuer", um Conaire zu warnen. Es war das erste Warnfeuer in Irland, und bis zum heutigen Tag ist daran jedes Warnfeuer entzündet worden. Es heißt, die Zerstörung der Herberge habe am Vorabend von Samhain stattgefunden - dem Abend vor dem 1. November -, und von diesem Feuer stammten die heutigen Samhainfeuer her.

„Also, welcher Ort ist uns am nächsten gelegen?", fragte Ingcél die Söhne des Donn Desa.

„Die Herberge des Dá Derga, des wichtigsten Gastwirts in Irland."

„Gut", sagte Ingcél. „Dann sind da heute sicher etliche Gäste beisammen. Ich werde einmal hingehen und das Haus ausspähen, denn mein Anspruch ist der größte."

Ingcél spähte nun die Herberge mit den drei Pupillen des einen Auges aus, das aus seiner Stirn hervorragte, denn er konnte durch die Räder der siebzehn Wagen, die vor den Türen standen, ins Haus hineinschauen. Was den Verstoß gegen das achte Geis bestätigte. Ingcél wurde aus der Herberge gesehen und kehrte zu seinen Leuten zurück, um Bericht zu erstatten: „Was es auch sein mag, es ist eine königliche Versammlung. Ob da nun ein König weilt oder nicht, ich werde dieses Haus als den mir zustehenden Anteil nehmen." - „Es müsste unser Pflegebruder sein, Conaire Mór, der Sohn des Eterscel, der Hochkönig von Irland, der dort weilt. Wen hast du im Heldensitz dem König gegenüber gesehen?"

„Einen großen Mann mit einem edlen, gerechten, bartlosen Gesicht, oben breit und unten schmal, mit klaren Augen und gleichmäßigen Zähnen. Er trägt einen schönen Umhang mit einer silbernen Spange. In der einen Hand hält er ein Schwert mit goldenem Griff, in der anderen einen fünfzackigen Wurfspeer und einen Schild mit fünf konzentrischen goldenen Kreisen. Er scheint ein bescheidener Mann zu sein."

„Das ist Cormac Cond Longas Sohn des Conor", sagte Fer Rogain. „Der beste Mann hinter einem Schild in ganz Irland. Ich schwöre bei den Göttern, bei denen mein Volk schwört, dass neunmal zehn durch seinen ersten Hieb fallen werden, und neun mal zehn werden durch sein Volk fallen, und ein Mann für jede ihrer Waffen und ein Mann für jeden von ihnen. Cormac selbst wird den Sieg über einen König oder einen Fürsten oder einen Edlen der Viehdiebe erlangen und dann entkommen, obwohl alle seine Leute verwundet werden."

„Weh ihm, der zu dieser Vernichtung führt", sagte Lomna Drúth, ein weiterer Sohn von Donn Desa. „Es dürfte nicht dazu kommen, und wäre es nur wegen dieses einen Mannes."

„Es lässt sich jetzt nichts mehr daran ändern, Lomna", sagte Ingcél „Deine Stimme bricht. Wolken der Schwäche haben sich über dich gesenkt. Du bist ein wertloser Krieger."

„Es fällt mir schwer", sagte Lomna Drúith. „Denn mein Kopf wird heute Nacht als erster dort herumgeworfen werden. Er wird dreimal in die Herberge und wieder heraus fliegen."

Dann beschrieb Ingcél alle, die dort in der Herberge waren, und Fer Rogan identifizierte jeden, nachdem sie sich Lomnas bange Ahnungen und Ingcéls an Lomna gerichtete Schmähungen angehört hatten.

Cormac Cond Longas' neun Gefährten, die ihm ähnelten wie ein Ei dem anderen, und die golden gestreifte Umhänge und Schwerter mit Elfenbeingriffen, runde Bronzeschilde und kantige Speere trugen, erbrachten eine einzigartige Leistung: Jeder nahm seine Schwertspitze zwischen zwei Finger und wirbelte das Schwert herum und dann wurde das Schwert von sich aus länger.

Drei riesige braune Pikten, die in Conaires Haushalt im Exil lebten, werden beim ersten Angriff neunmal zehn töten. Ihre Haare waren vorn und hinten gleich lang und mit schwarzen Kapuzen bedeckt, die über ihre Ellbogen fielen. Sie hatten riesige schwarze Schwerter, schwarz beschlagene Schilde und breite Wurfspeere mit dicken Schäften.

Neun goldhaarige Sackpfeifer aus der Anderwelt, die Conaire aus dem Sídh Breg mitgebracht hatte, die besten Sackpfeifer auf der Welt und einer so schön wie der andere. Die Verzierungen ihrer Sackpfeifen konnten den gesamten Palast erleuchten. Mit ihnen zu kämpfen wird wie ein Kampf mit Schatten sein; sie werden neunmal zehn und einen König oder Häuptling der Viehdiebe erschlagen, aber sie selbst werden nicht erschlagen, denn sie kommen von den Sidhe.

Conaires Heldenkrieger Mac Cécht, so gewaltig, dass seine Augen aussahen wie Seen, seine Nase wie ein Berg, seine Knie wie Hügel, seine Schuhe wie Boote. Er hatte ein Schwert von dreißig Fuß Länge, das Funken warf, und einen Speer mit einer vier Fuß breiten Klinge mit Eisenspitze. Wenn er den Speer schüttelte, dann bog der sich und seine Enden stießen gegeneinander. Sein hölzerner Schild konnte vier Gruppen von je zehn Männern aufnehmen, und der Buckel in der Mitte war wie ein Kessel, tief und breit genug für vier Ochsen und vier Schweine. Wenn er angreift, werden Köpfe und Gehirne und Knochen und Innereien wie Hagelkörner in die Luft fliegen. Er wird beim ersten Angriff sechshundert töten. Ingcél gab zu, dass er bei seinem Anblick vor Entsetzen fast in Ohnmacht gefallen wäre, und bei dieser Schilderung flohen die übrigen Viehdiebe drei Bergsimse weiter und mussten neu zusammengerufen werden und abermals den Eid auf dieses Wagnis ablegen.

„Wen hast du sonst noch gesehen?", fragte Fer Rogain Ingcél.

„Drei Jünglinge mit langem wogenden goldgelben Haaren, die ihnen auf die Hüften hängen, wenn sie gewaschen sind, aber die nur ihre Ohrspitzen berühren, wenn sie die Blicke heben. Wer sind sie, Fer Rogain?"

Als Fer Rogain das hörte, weinte er so bitterlich, dass sein Umhang durchnässt wurde, und für ein Viertel der Nacht gab sein Kopf keine Stimme her.

„Ach, ihr Kleinen", sagte er endlich. „Ich muss tun, was ich tun werde. Es sind die drei Söhne des Königs von Irland, Oball und Oblíne und Corpre Findmor. Sie haben die Herzen von Brüdern und den Mut von Bären und die Wut von Löwen. Dreimal zehn werden von jedem von ihnen erschlagen werden und einer wird ums Leben kommen."

„Was hast du sonst noch gesehen?", fragten sie Ingcél, und er beschrieb weiterhin seine Visionen und Fer Rogain identifizierte die Gegner.

Drei Geiseln aus Fomori-Sippen von Mac Cécht aus dem Land der Fomro gebracht. Sie wurden gefangengehalten, damit die Fomori nicht die Ernten Irlands verwüsteten, während Conaire König war. Sie hatten drei Reihen von Zähnen im Mund und verzehrten jeden Tag einen Ochsen und ein Schwein. Sie hatten keine Waffen, denn sie waren Geiseln, aber mit Bissen und Schlägen und Tritten werden sie beim ersten Angriff sechshundert töten. Wenn sie Waffen hätten, würden sie ein Drittel der Viehdiebe töten.

Drei Fürsten, Munremar, Biderg und Mál, deren Glieder so dick waren wie die Taille eines Mannes, gewandet in rote und gesprenkelte Umhänge. Sie warfen ihre Schwerter mit den Elfenbeingriffen in die Luft und die Scheiden hinterher, und die Schwerter schoben sich in die Scheiden, ehe sie den Boden berührten. Hundert Helden werden beim ersten Angriff von ihnen getötet werden.

Conall Cernach in einem lila Umhang, der größte unter den Helden von Ulster (Cúchulainn war noch nicht geboren), mit seinem hyazinthenblauen Auge und seinem käferschwarzen Auge, eine Wange weiß wie Schnee, die andere rot und gesprenkelt wie eine Fingerhutblüte. Seine ungebärdige goldene Mähne fiel ihm bis zur Taille. Ein Schwert mit goldenem Griff lag in seiner Hand. Bricriu (Bitterzunge) ist der Name, den die Männer von Ulster Conalls Schild gegeben haben, blutrot mit weißgoldenen Nieten zwischen Goldplatten. Sein dreikantiger Speer war lang und schwer und dick wie ein Joch, und er wird bei der Tür der Herberge so manchen roten Schlaftrunk servieren. Er wird bei jeder der sieben Türöffnungen zugleich eintreffen und sein erster Angriff wird dreihundert dahinmähen.

Ein wunderschöner Jüngling mit der Kraft und der Energie eines Helden und der Weisheit eines Sehers schlief. Er erwachte und rief: „Das Heulen von Conaires Hund, Ossar, ein Kriegerruf auf dem Gipfel des Tol Gossi, ein kalter Wind über tödlichen Klingen, eine Nacht, um einen König zu besiegen ist diese Nacht." Er schlief und erwachte abermals und rief: „Schlacht, Eroberung der Herberge, Krieger verwundet, Wind des Schreckens, Fest der Waffen, Tara aufgegeben, Sturz des Königs von Irland, Klage um Conaire." Er schlief abermals ein und erwachte und rief: „Ich sah Kampf, eine bezwungene Armee, überrannte Feinde, ein Scharmützel an der Dodder, Ossars Geheul." Wie es im Sprichwort heißt: „Es gibt keinen Konflikt ohne einen König." Das war Conaire selbst, unverändert von Erscheinung, während seiner siebzig Jahre als König. Sechshundert werden von ihm erschlagen werden, ehe er seine Waffen aufnehmen kann, und weitere sechshundert bei seinem ersten Ansturm, nachdem er sich bewaffnet hat.

Es war ein sommersprossiger Knabe dort, mit grünen, kastanienbraunen und goldenen Haaren, der einen lila Umhang trug. Conaires sieben Jahre alter Sohn, Lé Fri Flaith, der die ganze Zeit weinte, wegen der Schrecken, die er für diese Nacht befürchtete. Die fünfzehn Männer, die mit Ingcél losgezogen waren, um die Herberge auszuspähen, erblindeten bei seinem Anblick alle auf dem rechten Auge, und Ingcél selbst verlor die Sehkraft in einer seiner drei Pupillen.

Fer Rodain erklärte die Anwesenheit der drei Roten Männer aus den Feenhügeln. Sie hatten in der Anderwelt Betrug ausgeübt. Ihre Strafe war, von drei Königen von Tara vernichtet zu werden, und sie waren in diese Welt gekomen, um zum letzten Mal von Conaire erschlagen zu werden. Aber sie werden nicht getötet werden und sie werden auch niemanden töten.

Als die Viehdiebe sich der Herberge näherten, jonglierte der kahle Gaukler Tulchinne mit neun Schwertern, neun Silberschilden und neun goldenen Äpfeln. Er warf sie alle in die Luft, und nur ein Teil war jeweils in seiner Hand, während sie aufflogen und abwärts fielen wie Bienen an einem heißen Tag. Als Tulchinne gerade schneller denn je jonglierte, fielen plötzlich alle Gegenstände klirrend zu Boden und seine Zuschauer stießen einen Schrei aus.

Conaire sagte: „Ich habe zum ersten Mal gesehen, dass du versagst."

„Ach, guter Meister Conaire, das hat seinen Grund. Ich spürte den feindseligen Blick eines Auges mit drei Pupillen. Jemand beobachtet uns von draußen, Übel steht heute Nacht an der Tür der Herberge. Donn Desas Söhne sind gekommen, um Conaire zu vernichten."

Ingcél versammelte seine Räuberbande und sagte: „Nun los, ihr Krieger, zur Herberge."

Der Lärm ihres Aufmarschs erreichte Conaires Ohren.

„Still", sagte Conaire. „Was ist das für ein Lärm?"

„Krieger vor dem Haus", sagte Conall Cernach.

„Wir haben Helden, die sich ihnen entgegenstellen", sagte Conaire.

„Die werden wir heute Nacht brauchen."

Lomna Drúith marschierte vor seinen Mannen auf die Herberge zu. Der Türsteher schlug ihm den Kopf ab und warf ihn dreimal in die Herberge und wieder hinaus, wie Lomna vorhergesagt hatte. Ehe er sich bewaffnen konnte, stürzte Conaire los und tötete sechshundert, dann legte er sein Schlachtengewand an, griff zu den Waffen und tötete abermals sechshundert. Dreimal wurde die Herberge angesteckt und dreimal wurde das Feuer gelöscht. Der Angriff wurde zurückgeschlagen, aber die Zauberer der Viehdiebe woben einen Zauber, der Conaire mit gewaltigem Durst erfüllte. Sie stellten fest, dass das Wasser des Flusses Dodder, der durch die Herberge floss, zum Löschen der Feuer verbraucht worden war. Conaire bat seinen Helden Mac Cécht, Wasser für ihn zu suchen.

„Ich kann dir entweder Wasser bringen oder deinen Leib vor Speeren beschützen", sagte Mac Cécht. „Aber beides kann ich nicht."

„Mir ist es egal, ob ich an Durst oder einer Speerwunde sterbe", sagte Conaire.

„Lass uns den König verteidigen", sagte Conall Cernach zu Mac Cécht. „Hol du Wasser, wie du gebeten worden bist." Das verursachte dauerhafte Bitterkeit zwischen den beiden.

Mac Cécht nahm also Conaires Sohn Lé Fri Flaith unter den Arm, dazu Conaires goldenen Becher, seinen eigenen Schild, seine Speere, und einen eisernen Bratspieß, und machte einen Ausfall. Er tötete mit dem Eisenspeer und der Klinge eines Schwertes über seinem Kopf und den Schlägen seines Schildes sechshundert und machte sich auf die Suche nach Wasser.

Conall Cernach ging einmal durch das gesamte Haus und tötete dreihundert, obwohl er verwundet war, und er und die anderen Helden trieben die Räuber zurück zu den drei Felssimsen. Dann flohen sie alle aus der Herberge, mit Ausnahme von Conall und den Ulsterhelden Sencha und Dubtach, die bei Conaire blieben, bis er an Durst starb, dann fochten die Helden sich ihren Weg durch die Räuber frei und entkamen.

Mac Cécht hatte derweil festgestellt, dass alle Seen und Bäche durch den Zauber ausgetrocknet waren, bis er zum Brunnen von Uaan Garad in Magh Aí in Roscommon kam, der ihm nicht verborgen bleiben konnte. Mac Cécht füllte Conaires Becher im Brunnen und brachte ihn zurück zur Herberge.

Als er das dritte Felssims erreichte, sah er, wie zwei Männer Conaire den Kopf abschlugen. Mac Cécht hieb dem einen den Kopf ab. Als der andere mit Conaires Kopf davonrannte, schleuderte Mac Cécht einen Steinpfeiler auf ihn, der ihm den Rücken brach, dann enthauptete er ihn. Mac Cécht goss Wasser in den Hals des Königs, und Conaires Kopf sagte: „Guter Mann, Mac Cécht, dass du einem König zu trinken gibst. Ein Geschenk würdest du bekommen, wenn ich am Leben wäre."

Mac Cécht verfolgte die Viehdiebe und tötete alle außer Ingcél und vier anderen, die entkamen. Ingcél kehrte nach Schottland zurück und wurde dort König. Mac Cécht sank zu Boden, erschöpft von seinen Wunden. Eine Frau kam des Wegs und er rief sie an.
„Komm her, Frau, und schau nach, was in dieser Wunde sitzt. Ich weiß nicht, ob es eine Fliege oder eine Mücke oder eine Ameise ist, die da an mir nagt."
Sie sah, dass es ein riesiger zottiger Wolf war, der bis zu den Schultern in der Wunde steckte. Sie packte den Wolf am Schwanz und zog ihn aus der Wunde, und er hatte seinen Schlund dabei bis zum Rand gefüllt.
„Es war eine Ameise aus dem alten Land", sagte sie.
Mac Cecht packte den Wolf bei der Kehle und tötete ihn mit einem Schlag vor die Stirn. Und jetzt starb Lé Fri Flaith. Er war die ganze Zeit von Mac Cécht getragen worden und durch die Hitze und den Schweiß in der Armhöhle des Kriegers geschmolzen. Mac Cécht brachte Conaires Kopf und Rumpf nach Tara und begrub sie dort.
Conall Cernach erreichte das Haus seines Vaters Amairgin in Tailtiu mit seinem Schwert, Resten seiner beiden Speere und der verbliebenen Hälfte seines Schildes. Dreimal fünfzig Speere waren durch seinen Schildarm gegangen.
„Schnell sind die Wölfe, die dich gejagt haben, mein Sohn", sagte sein Vater.
„Es war eine Schlacht mit erfahrenen Kriegern, die das taten, alter Held", sagte Conall.
„Welche Nachrichten bringst du aus Dá Dergas Herberge?", fragte Amairgin.
„Lebt dein König noch?"
„Er lebt nicht mehr", sagte Conaill.
„Ich schwöre bei den Göttern, bei denen die großen Stämme von Ulster schwören, nur ein elender Krieger verlässt eine Schlacht lebend, während sein Herr tot zwischen den Feinden liegt."
„Meine Wunden sind nicht weiß, alter Held", erwiderte Conall.
Er zeigte Amairgin seinen linken Arm, der nur dreimal fünfzig Wunden aufwies, da er vom Schild bedeckt gewesen war. Dann zeigte er ihm seinen ungeschützten rechten Arm, der so durchbohrt und zerhackt und durchlöchert war, dass er nur noch durch die Sehnen an seinem Körper hing.

„Dieser Arm hat heute Nacht gekämpft, mein Sohn´", sagte Amairgin.

„Das stimmt, alter Held. Vielen hat er heute Nacht vor der Tür zur Herberge einen Todestrunk kredenzt."

Der Heldenanteil

Diese burleske Heldensage wird meistens Fled Bricrend (Das Festmahl des Bricriu) genannt und spielt vor zweitausend Jahren. Die früheste bekannte schriftliche Fassung wird auf das achte Jahrhundert datiert und wurde zwischen dem 12. und 16. Jahrhundert in die erhaltenen Manuskripte übernommen. Meine Übersetzung basiert auf dem Lebor na hUidre aus dem 12. Jahrhundert und dem gälischen Manuskript MS XL aus Edinburgh aus dem 14. oder 15. Jahrhundert, der einzigen Quelle für das Ende der Geschichte.

Die Hauptpersonen:

Cúchulainn, der größte der Krieger aus Ulster, er ist der Held des irischen Epos „Táin Bó Cuailgne", der „Viehraub von Cooley".

Loegaire Buadach (der Siegreiche) ist vor allem wegen seiner Totenrede bekannt. König Conor entdeckte, dass sein Dichter, Aed, etwas mit seiner Gemahlin hatte, und verurteilte ihn zum Tode, ließ ihn die Hinrichtungsart jedoch selbst wählen. Aed entschied sich dafür, ertränkt zu werden, denn er besaß einen Zauber, um Wasser auszutrocknen. Der Zauber funktionierte bei mehreren Flüssen und Seen, versagte aber beim Loch Lai vor Loegaires Haus. Als Loegaire Aeds Hilferufe hörte, stürzte er mit seinem Schwert aus dem Haus, stieß mit dem Kopf gegen den oberen Türrahmen und schnitt sich dabei den Hinterkopf ab, so dass sein Gehirn über seinen Umhang spritzte. Dennoch konnte er dreißig der Möchtegernhenker umbringen, ehe er starb, und ermöglichte damit dem Dichter die Flucht.

Conall Cernach (der Triumphierende), Pflegebruder des Cúchulainn und sein Freund (und bisweilen Rivale) fürs Leben, war der Anführer der Krieger des Roten Zweiges bei einem Beutezug nach Britannien, bei dem anderen Kelten im Kampf gegen die Römer geholfen werden sollte. Er wurde gefangengenommen, als Kriegsbeute nach Rom gebracht, freundete sich mit den Römern an und wurde durch ihre Provinzen geführt, so dass er zur Zeit der Kreuzigung im

Heiligen Land eintraf. Es heißt, dass jede Nation der Welt bei der Kreuzigung anwesend war, und Conall war der Vertreter Irlands. Er kann durchaus eine historische Persönlichkeit gewesen sein. Sein Name taucht in den Stammbäumen späterer belegter Personen auf, wie dem der heiligen Brigid und des Poeten Ultan McConnel Cearnach aus dem 7. Jahrhundert.

Conor Mac Nessa folgte Fergus Mac Róich als König von Ulster. Fergus wollte Ness heiraten. Sie sagte unter der Bedingung zu, dass er Conor für ein Jahr König sein ließe, damit seine Söhne sich damit brüsten könnten, Söhne eines Königs zu sein. Conor und Nesa besuchten die Edlen von Ulster, mit dem Ergebnis, dass die am Ende des Jahres beschlossen, Conor als König zu behalten. Fergus wurde Berater der Nachwuchskrieger.
Conor galt mittelalterlichen Theologen als erster Christ in Irland, durch die „rote Taufe" des Märtyrertodes. Conor hatte einen Mordversuch überlebt, aber die Waffe, eine Kugel aus dem verkalkten Gehirn eines erschlagenen Kriegers, blieb in seinem Kopf stecken. Die Ärzte meinten, er müsse sterben, wenn sie die Kugel entfernten, und sie warnten ihn, dass jede Anstrengung die Kugel in Bewegung setzen und ihn töten könne. Als Conall Cernach aus dem Heiligen Land zurückkehrte und über die Kreuzigung berichtete, geriet Conor dermaßen in Wut über die Tatsache, dass ein Mann des Friedens wie ein schnöder Verbrecher hingerichtet worden war, dass er mit seinem Schwert auf Bäume losging. Durch diese Anstrengung löste sich die Kugel und er starb als Märtyrer für seinen Glauben an Christus.

Sencha Mac Ailella war Dichter, Richter, Historiker und Berater Conors.

Bricriu war ein Unruhestifter, dessen einziges Vergnügen im Leben es war, Streit zu verursachen, so dass andere aufeinander losgingen und sich gegenseitig umbrachten. Am Ende des „Táin" wird er von zwei Stieren zu Tode getrampelt.

Königin Maeve von Connacht war einmal mit Conor verheiratet, doch er ließ sich scheiden und das nahm sie ihm übel. Ihr neuer Gatte, Ailill, war kein König, auch wenn er in dieser Geschichte so bezeichnet wird. Connacht und Ulster waren seit ewigen Zeiten verfeindet und deshalb hat Ailill seine Zweifel, als

Conor ihm zum Schiedsrichter im Streit um den Heldenanteil ausruft. Cruachan Aí, in der Nähe von Tusk, County Roscommon, war Maeves Königinnensitz.

Emer ist eine der wenigen positiven starken Frauengestalten der frühen irischen Literatur. Sie ist intelligent, klug und selbstbewusst, das zeigt sich z.B. in den Geschichten, in denen Cuchulainn um sie wirbt. Es gibt davon einen ganzen Zyklus, "Tochmarc Emire", der Yeats dann zu seinem Schauspiel "The Only Jealousy of Emer" inspiririert hat. Emer, die aus Lusk im heutigen County Dublin stammte, wurde oft mit den Frauen aus Ulster verglichen, wobei die Frauen aus Ulster nie sehr gut wegkamen.

Cú Roí Mac Dáire war ein mächtiger König und Zauberer, der im County Kerry lebte. Cúchulainn verführte später Cú Roís Gemahlin Bláthnat und tötete ihn. Die Überreste von Cu Roís Burg Daherconree sind in den Slieve Mish Bergen im Westen von Tralee zu sehen.

Bricrius Gastmahl

Bricriu von der Giftigen Zunge veranstaltete ein Fest für Conor Mac Nessa, den König von Ulster, und alle Männer von Ulster. Er brauchte ein volles Jahr für alle Vorbereitungen. Er ließ in seinem Wohnsitz in Dún Rúdraige in der Nähe von Dundrum im County Down ein prachtvolles Haus erbauen, und zwar nach dem Vorbild des Hauptquartiers der Krieger von Ulster, das nebem dem königlichen Palast in Emain Macha lag. Aber Eleganz und Schönheit des Materials und der Formen, Glanz und Verzierung von Pfeilern und Fassade und Kostbarkeit und Pracht von Eingang und Torweg sorgten dafür, dass Bricrius Bankettalle alle anderen ihrer Zeit ausstach.

Die Sitzordnung hielt sich an das Vorbild der Bankettalle von Tara. Das Innere maß etwa zehn Meter vom Feuer in der Mitte bis zu den Wänden. Es enthielt neun kleinere Räume mit Liegen, deren Kopfenden aus vergoldeter Bronze hergestellt waren. Zwölf Liegen waren für die zwölf führenden Krieger von Ulster bestimmt. Bricriu ließ für Conor eine königliche Liege vorn im Palast aufstellen. Diese Liege stand höher als die anderen, war mit Gold und Silber geprägt und verziert mit Karfunkel- und anderen Edelsteinen, die so hell leuchteten, dass die Nacht dem Tage glich. Die Kunst der Arbeiter entsprach der Kostbarkeit des Materials. Jeder Querbalken musste von einem Pfluggespann hochgezogen werden und für jeden Pfeiler wurden sieben kraftvolle Männer aus Ulster gebraucht. Dreißig der führenden Handwerker Irlands überwachten Aufbau und Einrichtung.

Auf der Südseite ließ Bricriu eine Sonnenstube bauen, die so hoch gelegen war wie die Liegen Conors und der Krieger. Diese Kammer entwarf und baute er aus einem ganz besonderen Grund. Sie hatte auf allen Seiten Glasfenster und eins war nur für ihn bestimmt, so dass er von seiner eigenen Liege aus in die Banketthalle schauen konnte, denn er wusste, dass die Männer aus Ulster ihm keinen Eintritt gewähren würden. Als Halle und Sonnenkammer vollendet waren, ließ Bricriu beide mit Decken und Bettzeug, Federbetten und Kissen einrichten und stellte eine große Menge an Speis und Trank bereit, damit es an materiellem Komfort nicht fehlte. Dann begab er sich nach Emain Macha, um Conor und die Edlen von Ulster abzuholen. Sie waren an diesem Tag gerade in Emain versammelt. Nachdem sie ihn willkommen geheißen hatten, setzte Bricriu sich neben Conor und sprach zu den Ulstermännern:

„Kommt zu mir und feiert ein Fest."

„Mir ist das recht", sagte Conor, „wenn es auch den Männern von Ulster recht ist."

Fergus Mac Róich antwortete und die Edlen von Ulster stimmten zu:

„Wir werden nicht kommen, denn unsere Toten werden zahlreicher sein als die Lebenden, nachdem Bricriu Streit zwischen uns gesät hat, wenn wir sein Fest besuchen."

„Was ich euch antue, wenn ihr nicht kommt", sagte Bricriu, „wird noch schlimmer für euch sein."

„Und was genau wirst du tun, wenn wir nicht kommen?", fragte Conor.

„Dann", sagte Bricriu, „werde ich König gegen König aufstacheln, Häuptling gegen Häuptling, Helden gegen Helden und Edlen gegen Edlen, damit sie sich gegenseitig umbringen, wenn ihr nicht mit mir mein Fest feiern wollt."

„Dieses Vergnügen werden wir dir nicht machen", sagte Conor.

„Ich werde Vater gegen Sohn aufstacheln, damit sie einander töten. Wenn mir das nicht gelingt", sagte Bricriu, „dann werde ich Mutter gegen Tochter aufstacheln. Wenn mir das nicht gelingt, werde ich einen solchen Streit zwischen den beiden Brüsten jeder Frau aus Ulster entfachen, das sie einander schlagen werden, bis nur noch zwei stinkende Fetzen übrig sind."

„Wir sollten wohl zum Fest gehen", sagte Fergus, „sonst passiert es tatsächlich."

„Vielleicht sollten wir das mit den vornehmsten Männern von Ulster besprechen", sagte Sencha Mac Ailealla.

„Es wird nichts Gutes dabei herauskommen", sagte Conor, „wenn wir keinen Rat einholen."

Weshalb alle Edlen von Ulster miteinander Rat abhielten und Sencha ihnen riet: „Da ihr Bricrius Einladung annehmen müsst, lasst euch von ihm Garantien geben und umstellt ihn mit acht Schwertkämpfern, so dass er die Halle verlassen muss, sowie das Gastmahl aufgetragen ist."

Conors Sohn, Furbaide Fer Bend, begab sich zu Bricriu und teilte ihm ihre Entscheidung mit.

„Das ist mir nur recht", sagte Bricriu. „So sei es also."

Die Männer von Ulster verließen Emain Macha, jede Gruppe mit ihrem König, jede Kompanie mit ihrem Unterkönig, jede Truppe mit ihrem Anführer. Prachtvoll und wunderbar war der Zug der mächtigen Männer und der tapferen Helden zum Palast. Bricriu überlegte derweil, wie er am Besten zwischen den Ulstermännern Zwietracht säen könnte, so dass trotz der Garantien Köpfe fallen würden. Als er nach langen Überlegungen alles durchdacht hatte, fing er an, sich bei Loegaire Buadach Mac Connaid Mac Iliach einzuschmeicheln.

„Sei mir willkommen Loegaire Buadach", sagte Bricriu, „Du tapferer Kämpfer von Bregia, du Henker von Meath, du lodernder Bär, du kühnster der Krieger von Ulster. Warum wird nicht immer dir in Emain die Heldenportion gegeben?"

„Wenn ich sie wollte", sagte der andere, „dann könnte ich sie bekommen."

„Ich kann dich zum König der Krieger von Irland machen", sagte Bricriu. „Wenn du meinem Rat folgst."

„Du machst dich lustig über mich", sagte Loegaire.

„Wenn du die Heldenportion in meinem Hause bekommst, wirst du für immer die Heldenportion von Emain bekommen. Es ist nur angemessen, dass es einen

Wettstreit um die Heldenportion in meinem Hause gibt", sagte Bricriu. „Denn es ist nicht die Heldenportion eines Narrenhauses."

„In der Halle steht ein Fass des feinsten Weines, groß genug, um drei Krieger aus Ulster zu ertränken. Es gibt einen sieben Jahre alten Eber, der schon als Ferkel nichts anderes im Mund hatte als Grütze aus neuer Milch und Brei im Frühling und Sahne, frische Milch, Nüsse im Herbst und Fleisch und Fleischbrühe im Winter. Es gibt eine Säule von einem schwarzen Stier, nicht weniger als sieben Jahre alt, und schon, als er ein Kälbchen war, konntest du in seinem Maul niemals Heidekraut oder Farn sehen, sondern nur frische Milch, Kräuter, grünes Gras und Getreide. Hundert Laibe von Weizenbrot gebacken mit Honig liegen in fünfundzwanzig Körben bereit, in jedem vier. Daraus besteht in meinem Hause die Portion des Helden", sagte Bricriu. „Als erster Held von Ulster hast du diesen Anteil verdient und müsstest ihn erhalten. Wenn die Gäste applaudieren, wenn am Ende des Tages das Festmahl aufgetragen wird, soll dein Wagenlenker aufstehen und die Heldenportion wird dir zufallen."

„Es wird Tote geben, wenn es nicht passiert", sagte Loegaire.

Bricriu lachte daraufhin und war glücklich.

Jetzt, wo er Loegaire angestachelt hatte, begab er sich zu der Kriegerschar, die von Conall Cernach angeführt wurde.

„Sei mir willkommen, Conall", sagte er. „Du bist ein Krieger, der viele Siege hinter sich und der Trophäen geholt hat, die den Rest der Krieger von Ulster übertreffen. Egal, was die Männer aus Ulster bei einem Ausfall in fremde Lande erbeuten, immer liegst du ihnen drei Tage und drei Nächte voraus und durchquerst eine Furt nach der anderen. Danach aber deckst du ihren Rückzug, so dass kein Feind euch einholt oder überholt oder umrundet. Warum also bekommst du niemals die Portion des Helden?"

Obwohl er sehr viel Zeit damit verbracht hatte, Loegaire zu umgarnen, brauchte er doppelt soviel Zeit bei Conall Cernach. Nachdem er Conall wie einen Narren gegen Loegaire aufgestachelt hatte, begab Bricriu sich zu der Kriegerschar, die von Cúchulainn angeführt wurde.

„Sei mir willkommen, Cúchulainn", sagte er. „Oh, Schlachtensieger von Bregia, Mann mit dem hellen Umhang aus der Liffeyebene, Geliebter von Emain, umschwärmt von Frauen und Mädchen. Hund des Cullainn ist nicht einfach nur ein Spitzname, denn du bist die Krone der Männer von Ulster. Du beschützt sie vor Angriffen und Konflikten, du suchst für jeden von ihnen Gerechtigkeit, du hast Erfolg, wo alle anderen versagen. Alle Männer von Irland unterwerfen sich deinen Waffen und edlen Taten. Warum aber gestattest du es, dass die Heldenportion anderen Ulstermännern zufällt, wo kein Mann in Irland in der Lage wäre, mit dir darum zu kämpfen?"

„Ich schwöre bei dem Eid, den meine Leute schwören", sagte Cúchulainn, „der, der mich deswegen herausfordert, wird bald ein Mann ohne Kopf ein."

Bricriu verließ Cúchulainn nun und schloss sich der Menge an, als hätte er keinerlei Zwietracht gesät. Sie trafen bei Bricrius Haus ein und begaben sich in die ihnen zugewiesenen Kammern in der Banketthalle. Könige und Fürsten, Häuptlinge, Unterhäuptlinge und ihre Diener. Die eine Seite der Halle war für Conor und die Krieger aus Ulster reserviert, die andere für Conors Gemahlin, Mugain Tochter des Feldig, und ihre Frauen. Die, die mit Conor im oberen Teil der Halle saßen, waren:

Fergus Mac Róich
Feradach Find Fectnach
Celtchar Mac Uthchair
Fedelmid Chilair Chétag
Eogan Mac Durthacht
Furbaide Fer Bernd und Conors Söhne Fiacha und Fiachaig
Rochad Mac Fathemon
Loegaire Buadach
Conall Cernach
Cúchulainn
Fergna Mac Findchoíme
Ferugs MacLeti
Cúscraid Mend Macha Sohn des Conor
Connad mac Mornai
Erc Mac Fedemmthe
Sencha Mac Ailella
Illand Sohn des Fergus
drei Söhne des Fiachach: Rus und Dáire und Imchad.
Fintan Mac Neill
Certend Mac Fintain

Muiremur Mac Geirrgid
Factna Mac Sencada
Conla Sáeb
Errge Echbél
Amairgin Mac Ecit (Conall Cernachs Vater)
Ailill Miltenga
Mend Mac Salchadae
Dubtach Dóel Ulad (Schabezunge)
und Bricriu selbst.

Ebenfalls anwesend waren die besten Krieger von Ulster und ihre Diener und Handwerker. Dann spielten die Spielleute auf und andere Unterhaltungen folgten, während das Festmahl aufgetragen wurde. Sowie Bricriu das Festmahl mit allen Schüsseln und allem Zubehör aufgetischt hatte, wurde ihm mitgeteilt, er müsse die Halle verlassen, das gehöre zu den Garantien, die seine Bürgen geliefert hatten. Bricriu verließ das Haus mit seinem Gefolge und begab sich nach oben in seine Sonnenstube. Als er den Ausgang aus der Bankethalle erreicht hatte, sprach er: „So, wie die Portion des Helden vorbereitet worden ist", sagte er. „Ist es nicht die Heldenportion eines Narrenhauses. Sie sollte dem erlesensten Krieger unter euch Ulstermännern zufallen."
Mit diesen Worten verließ er die Halle und der Haushofmeister erhob sich, um das Essen zu verteilen. Loegaire Buadachs Wagenlenker, Sedlang Mac Ríangabra, erhob sich ebenfalls und sagte dem Haushofmeister: „Bring diese Heldenportion dem Loegaire Buadach, denn er hat größeren Anspruch darauf als die übrigen Krieger aus Ulster."
Id Mac Ríangabra, Conall Cernacs Wagenlenker, sprang auf und sagte dasselbe über Conall . Dann erhob sich Láeg Mac Ríangabra, der Wangenlenker des Cúchulainn, und sagte:
„Gebt es Cúchulainn. Es wäre keine Schande für die anderen Männern aus Ulster, wenn er sie bekäme, denn er ist der feinste Krieger unter euch."
„Das stimmt nicht", sagten Conal Cernach und Loegaire Buadach.
Alle drei sprangen in die Mitte des Saales, schnallten ihre Schilde um und griffen zu ihren Schwertern. Sie gingen aufeinander los und die eine Seite des Hauses schien in himmelhohen Flamen zu lodern - wie Dinn Ríg -, als die Schwerter klirrten und die Speere gegeneinander schlugen, und die leuchtende

Schlachtgöttin schien auf der anderen Seite zu stehen, als die Schilde weiß erglühten. Das Klirren der Waffen erschütterte die Halle und versetzte die übrigen Krieger in Panik. Conor und Fergus waren wütend über dieses unerträgliche Benehmen und die Ungerechtigkeit Zwei Männer, Conal Cernach und Loegaire Buadach, griffen Cúchulainn an. Keiner der Ulstermänner wagte, einzugreifen, bis Sencha zu Conor sagte:
„Trennt diese Männer."
Conor und Fergus warfen sich dazwischen und hielten die Hände der Kämpfenden fest.
„Jetzt tut, was ich euch sagte", sagte Sencha.
„Das werden wir", gelobten sie.
„Das ist mein dringendster Wunsch", sagte Sencha, „dass die Heldenportion heute Abend unter uns allen hier aufgeteilt werde. Und dann überlasst es Ailill Mac Mágach, den Streit zu schlichten, denn die Männer von Ulster werden das ohne ein Machtwort aus Cruachan Aí nicht schaffen."
Also wurden Speis und Trank verteilt und sie sammelten sich um das Feuer und betranken sich und waren zufrieden. Bricriu und seine Gemahlin saßen in der Sonnenkammer. Von seiner Liege aus konnte Bricriu sehen, was in der Bankettthalle vor sich ging und die wie Dinge standen. Er überlegte, wie er unter den Frauen ebenso Zwietracht säen könnte wie zwischen den Männern. Als er gerade mit seinen Überlegungen anfing, sah Bricriu, als hätte sein Wunsch schon Wirkung gezeigt, Fedelm Noíchride und ihre fünfzig Frauen nach heftigem Trinken die Bankettthalle verlassen und an ihm vorübergehen.
„Guten Abend, Gattin des Loegaire Bruadach", sagte er. „Fedelm Noíchride - sei geehrt, du neunmal Schöne - das ist nicht nur ein Beiname für die Vortrefflichkeit deiner Erscheinung, deiner Intelligenz und deiner Ahnentafel, dein Vater Conor, König einer Provinz Irlands, dein Gatte Loegaire Buadach. Ich würde es für keine zu große Ehre halten, dass keine Frau aus Ulster vor dir die Bankettthalle beträte, so dass alle Frauen aus Ulster dir ihre Aufwartung machen müssten. Komm du heute Abend als erste zurück ins Haus und du wirst für immer die Königin aller Frauen von Ulster sein."
Fedelm begab sich mit ihren fünfzig Damen drei Felder weiter zu einer kleinen Wiese, die als Toilette genutzt wurde.
Dann kam Lendabair, die Tochter des Eogan Mac Durthacht, die Gattin Conall Cernachs, aus der Halle. Bricriu sagte zu ihr: „Sei gegrüßt, Lendabair", sagte er.

„Lendabair ist nicht nur dein Beiname, denn du bist die Angebetete und die Begehrte aller Männer auf der Welt wegen deiner Schönheit und deines edlen Wesens. So sehr, wie dein Gatte die Krieger dieser Welt an Geschicklichkeit in den Waffen übertrifft, so übertrifft deine Schönheit die der Frauen von Ulster."
Er hatte sich so große Mühe mit Fedelm gegeben, aber bei Lendabair musste er diese Mühe verdoppeln. Dann kam Emer mit ihren fünfzig Frauen aus der Halle.
„Sei mir gegrüßt, Emer, Tochter des Forgaill Manach", sagte Bricriu. „Gattin des feinsten Mannes von Irland. Emer Foltchain - Emer mit den leuchtenden Haaren -, ist nicht nur dein Beiname, denn von dir sprechen Könige und Königssöhne überall in Irland. So, wie die Sonne die Höhen des Himmels beherrscht, so herrschst du durch deine Gestalt und deine Schönheit und deine Vorfahren, durch deine Jugend und deinen Glanz und deine Tugenden, durch deinen Ruhm und deine Klugheit und deine Beredsamkeit über alle Frauen der Welt."
So große Mühe er sich bei den anderen Frauen auch gegeben hatte, bei Emer musste er diese Mühe verdreifachen. Die drei Frauen mit ihrem Gefolge gingen also los und begaben sich zu der drei Felder weiter gelegenen Wiese, und keiner war klar, dass Bricriu sie gegeneinander aufgestachelt hatte.
Bald kehrten sie zur Banketthalle zurück und schritten zuerst in schönen, gelassenen Schritten über das erste Feld, und keine war auch nur einen Schritt vor den anderen. Das zweite Feld war glatt und eben, und entsprechend beschleunigten sich ihre Schritte. Das nächste Feld war das dem Haus nächstgelegene, und jede Frau versuchte, den anderen Gemahlinnen zuvorzukommen. Jede hob ihr Gewand bis zu den Hüften und versuchte, das Haus als erste zu erreichen, denn Bricriu hatte ja jeder gesagt, die, die das Haus zuerst erreichte, werde Königin über das ganze Land ein.
Die dröhnenden Schritte der Gemahlinnen, jede mit ihren fünfzig Damen, die versuchten, zuerst beim Haus zu sein, waren so laut wie fünfzig angreifende Wagen und ließen das Haus erbeben. Die Krieger drinnen hätten sich fast gegenseitig umgebracht, als sie aufsprangen und zu ihren Waffen griffen.
„Haltet ein", sagte Sencha. „Da sind keine angreifenden Feinde. Bricriu hat Zwietracht zwischen den Frauen gesät, als sie hinausgegangen sind. Ich schwöre bei dem Eid, den meine Leute schwören", sagte er. „Wenn das Haus für sie nicht verschlossen wird, wird es darin bald mehr Tote geben als Lebende."

„Heute Nacht wird es Ärger geben", sagte Conor.

Er hielt einen Silberstab in der Hand und schlug damit gegen das Bronzebein seiner Liege, um die anderen zum Sitzen aufzufordern.

„Halt", sagte Sencha, „hier wird nicht mit Schwertern gekämpft. Lasst es lieber eine Schlacht der Wörter sein."

Jede Frau wurde unter den Schutz ihres Mannes gestellt und dann begann es:

Der Wörterkrieg der Frauen von Ulster

Fedelm von den neun Schönheiten, Tochter des Conor, Gattin des Loegaire Budach, sprach als erste:

> „Ich wurde geboren aus edlem Schoß,
> Älteste in meiner Familie und an Rang,
> entsprungen dem Leib eines Königs, wie es einer Königin zukommt,
> zurückhaltend und würdevoll von Wesen.
> Es heißt, ich sei gesegnet mit Schönheit und angenehmem Äußeren
> ich werde für meine liebliche Gestalt gepriesen
> ich wurde erzogen nach Art der Krieger
> und wurde durch meine Geburt zur Braunen Maus des rothändigen Loegaire ausersehen
> der das Land von Ulster verteidigt
> der zuschlägt mit einer Kraft, die der der anderen Krieger von Ulster gleichkommt.
> Er beschützt sie, kämpft für sie, rächt sie -
> der berühmteste aller Krieger, Loegaire,
> dessen viele Siege die aller anderen Krieger übertreffen werden.
> Warum sollte nicht Fedelm die Schönheit
> von leiblicher Gestalt, der schnappende Hund der Krieger,
> über alle anderen Frauen in der Bankettshalle erhoben werden?"

Als nächste sprach Lendabair, Tochter des Eogan Mac Curthat. Gattin des Conall Cernachmac Amairgín:

„Weil ich das Bild der Vernunft und der Haltung bin,
elegant im Gang, von schöner Gestalt, flammenhaarig,
vor Augen der Frauen von Ulster der königlichen Bankletthalle,
weil mein geliebter Gatte der mächtige Bezwinger Conall ist,
der mit den starken Schritten, die Höhe der Hoffnung, der Erste in der Schlacht, der hinter niemandem zurückfällt,
Beute bringt er mir von seinen Siegen mit,
gekalkte Köpfe aus harten Kämpfen Ulsters
er bietet seinen Schild, um jede Furt zu halten
er besiegt Festungen, er trägt ihre Konflikte aus,
er kümmert sich um einen Helden, der einen Grabstein braucht,
der kühne Sohn des Amairgin wagt zu feilschen,
denn es ist Conall, der die anderen Helden an Taten übertrifft.
Warum sollte also nicht Lendabeir den Vortritt vor allen anderen Frauen in   der Königlichen Bankletthalle haben?"

Dann sprach Emer, Tochter des Forgaill Mannach, Gemahlin des Cúchulainn:

„Alle diese Tugenden besitze ich.
Haltung, Gestalt, Intelligenz, kühnen Gang, Tapferkeit, Klugheit, Ruhm.
Jede schöne Gestalt wird mit meinen edlen Augen in meinem holden Gesicht verglichen.
Es gibt keine Gestalt oder Schönheit oder Haltung,
es gibt keine Weisheit oder Ehre oder Reinheit,
es gibt keine Macht der edlen Liebe oder Klugheit, außer in mir.
Nach mir seufzen alle Männer von Ulster.
Ich bin die Geliebte ihrer Herzen.
Wenn ich wild und wollüstig ihnen gegenüber wäre,
würde keine ihrer Frauen ihren Gatten auch nur bis zum nächsten Tag halten können.
Cúchulainn ist mein Gatte. Er ist kein Schoßhund.
Ein Tropfen Blut an seinem Speer,
Blutschaum auf seinem Schwert,
sein kühner Leib verziert mit geronnenem Blut.

Wunden an seinen Gliedern, noch mehr an seinem Rumpf,
wunderbar wilde Augen versinken in seinem Kopf, wahnwitzig die Wucht.
Die Kante seiner scharfen Wange
feuerrot seine Augen
tiefrot seine Wagenräder
blutbefleckt sein Wagen
Er verwandelt sich aus der Gestalt eines Pferdes in die eines atmenden Mannes
er springt wie ein Lachs und wechselt abermals seine Gestalt
Er begeht eine edle Tat, eine kühne Tat, eine Heldentat
er schlägt einen einzelnen Wassertropfen,
begeht die neunfache Heldentat
ficht blutige Schlachten aus mit leuchtenden Augen
bezwingt die stolzen Armeen der Welt und vernichtet sie.
Er ist ein Mann, der sich nicht zu Boden werfen lässt, auch wenn das Blut der gefallenen Feinde ihn besprizt
die anderen Männer aus Ulster sind wie Frauen in den Qualen des Gebärens
Mein Gatte, Cúchulainn, ist rein und edel von Blut, anders als die anderen Krieger aus Ulster
Sie sind besudelt von Schaum, bedeckt von geronnenem Blut, grob vom Kampf und purpurrot, sie sind fallende Hodensäcke, sie sind Kühe mit Gliedern.
Und alle Frauen von Ulster sind wie Kühe, Stuten, verglichen mit mir."

Kaum waren die Frauen verstummt, da sprangen Loegaire und Conaill in ihrer Kampfeswut vor und rissen Bretter aus den Seiten der Banketthalle, um ihre Frauen einzulassen. Aber Cúchulainn hob die ihm nächste Wand so weit hoch, dass die Sterne des Himmels darunter zu sehen waren, und seine Gemahlin und ihre fünfzig Frauen und Fedelm und Lendabair und deren zweimal fünfzig konnten eintreten. Dann ließ Cúchulainn die Wand fallen und sie versank sieben Fuß im Boden. Das ganze Gebäude bebte und Bricrius Sonnenstube stürzte ein und Bricriu und seine Frau wurden zwischen die Hunde in die Dunggrube auf dem Hof geschleudert.
„Oh Jammer", sagte Bricriu. „Feinde sind in meine Burg eingedrungen."

Rasch rappelte er sich auf und sah, dass die Banketthalle schief stand. Er lief hinein, aber er war durch den Hundekot so verdreckt, dass die Männer von Ulster ihn erst erkannten, als er sagte:

„Es war mein Unglück, dass ich für euch ein Eberfest vorbereitet habe, ihr Männer von Ulster", sagte er. „Mein Haus ist mir lieber als all mein Hab und Gut. Und deshalb", fügte er hinzu, „lege ich euch das Geis auf, nicht zu essen oder zu trinken oder zu schlafen, bis ihr mein Haus wieder so hergerichtet habt, wie ihr es vorgefunden hattet."

Alle Krieger aus Ulster versuchten, das Haus zu verlassen, konnten es aber nicht weit genug hochheben, um den Wind zwischen Haus und Boden passieren zu lassen. Das war nun ein Problem - „Ich weiß nicht, was ich vorschlagen soll", sagte Sencha, „außer, dass ihr den, der das Haus schief gestellt hat, bittet, es wieder geradezurücken."

Die Männer von Ulster baten Cúchulainn, das Haus gerade zu stellen, und Bricriu sagte zu ihm: „Wenn du das nicht geraderücken kannst, König der Krieger von Irland, dann kann das niemand."

Damit die Festgäste nicht ohne Speis und Trank dasitzen müssten, stand Cúchulainn auf und versuchte, das Haus aufzurichten, was ihm aber nicht gelang. Dann verfiel er in seine Krämpfe. Ein Blutstropfen quoll neben jedem Haar hervor und er zog alle Haare in seine Kopfhaut ein, so dass er von oben aussah wie kahl geschoren. Er wirbelte um sich selbst wie ein Rad und reckte seinen Leib, bis zwischen seinen Rippen jeweils Platz genug für den Fuß eines Kriegers war. Seine Macht und seine Kraft überkamen ihn sodann und er hob das Haus hoch, bis es wieder gerade stand.

Alle atmeten auf und setzten sich, um das Fest zu genießen: die Könige und die Häuptlinge auf der einen Seite in der Nähe des berühmten Conor, des edlen Hochkönigs von Ulster, und ihre Königinnen auf der anderen Seite. Aber schon bald trieb das Gerede der Frauen, die ihre Ehemänner priesen, Conall und Loegaire und Cúchulainn abermals fast bis zum Kampf. Sencha sprang auf und schwenkte seinen Ölzweig, den Craobh Sencha, um die Aufmerksamkeit aller auf sich zu lenken. Er wandte sich an die Frauen - Emer stand am einen Ende der Halle Schulter an Schulter mit ihren fünfzig Gefährtinnen, und Fedelm und Lendabair standen mit ihren hundert auf der anderen Seite - und er rief:

„Hiermit erteile ich euch dieses Verbot,
ihr hervorragenden, großartigen, edlen Damen von Ulster:
hört auf mit euren prahlerischen Worten,
damit die Gesichter eurer Gatten nicht erbleichen
im harten Kampf
aus Stolz auf ihre Tapferkeit
Frauen sind schuld am
Zerbrechen von Schwertern,
am Kampf von Männern
am Wettstreit großer Helden
am wallenden Zorn.
Sie sind die Ursache für die Gewohnheit der Männer
Böses zu tun, für das sie keine Buße bieten können.
Hiermit erteile ich euch dieses Verbot,
ihr hervorragenden, großartigen Damen."

Emer erwiderte:
„Ich habe das Recht zu sprechen, Sencha, denn ich bin die Frau eines großen kühnen Helden, der seit seiner Lehrzeit immer wieder ohne Fehl Form und Klugheit kombiniert hat. Zu seinen Heldentaten gehörten die mit dem schnellen Atem, die Apfeltat, die Phantomtat, der Drehtrick, die Katzentat, das unbefleckte blutrote Gewand, der Gai-bolga, der kühne Streich, die Geburtsenge, der Ruf des Helden, die Rädertat, die Schwertkantentat und das Erklimmen von Speeren, um auf ihren Spitzen zu stehen.

Kein Mann kommt ihm gleich
an Alter und Gestalt und Ruhm
an Rede und Weisheit und Zucht
an feinem Betragen und lieblicher Stimme
an Fähigkeiten, Kühnheit und Waffengeschick
an Güte, Triumph und Kraft
an elegantem Gang und sicherem Zielen
an Kraft und Schnelligkeit
daran, wie er mit neunfacher Kunst Feindesheere niedermäht.
Kein Mann kommt Cúchulainn gleich."

„Wenn deine Rede zutrifft, Frau", sagte Conall Cernach, „dann soll dieser hochbegabte Mann hervortreten und das unter Beweis stellen."

„Das nun wirklich nicht", sagte Cúchulainn. „Ich bin erschöpft und ich werde das Fest erst verlassen, wenn ich genug gegessen und mich ausgeruht habe.

Er war müde, denn an diesem Tag war ihm der Graue von Macha am Abhang des Lindi Leith am Sliabh Fuat begegnet. Als das Pferd aus dem See kam, bezwang Cúchulainn es, indem er mit beiden Händen seinen Hals umfasste und im Kampf mit dem Ross um ganz Irland lief, bis er nachts in Emain Macha eintraf und das Pferd vor sich hertrieb. Und auf dieselbe Weise hatte er beim Loch Duib Sainglend den Schwarzen Sainglend besiegt.

Cúchulainn sagte: „Heute sind der Graue und ich über die großen Ebenen von Irland gezogen: Bregia von Meath, das sumpfige Muirthemne von Macha, die Ebene von Maeve, den Curragh, Cletech Carna, Lia Linn Locharna, die Ebenen von Fea, Femen und Fergna, Urros Domnadh, Ros Roinge und die weite Ebene von Eo. Es wäre besser für alle, wenn ich essen und schlafen könnte, ehe wir etwas anderes tun. Ich schwöre bei den Göttern, bei denen meine Leute schwören, ich werde satt und ausgeruht sein, ehe ich irgendeinem Mann zu Sport und Spiel gegenübertrete."

„Sehr gut", sagte Conor. „Dann sollen die Streitigkeiten verstummen, bis das Fest zu Ende ist."

Weshalb für die verbleibenden drei Tage und Nächte des Festes Friede herrschte. Aber dann ging es mit dem Streit um die Portion des Helden wieder los. Conor sagte: „Geht zu Cú Roí Mac Díre und bittet ihn zu entscheiden. Er ist ein ehrlicher Mann, der ein weises Urteil fällen wird, aber dafür ist ein Preis zu zahlen."

Die Helden machen sich auf den Weg zu Cú Roí

Loegaire ging vorweg. Er wanderte über die Ebene der zwei Gabeln, durch die Schlucht des Spähers, durch die Furt von Fergus Wagen, die Furt der Morrígan, die Eberescheinwiese der beiden Ochsen in Clithar Fidbaii, dort, wo sich hinter Dún Delagain die vier Straßen treffen, durch die Ebene von Shelly und weiter

gen Westen nach Slíabh Breg. Dort senkte sich ein schwerer dunkler düsterer Nebel und verwirrte ihn, so dass er seinen Weg nicht fortstzen konnte.
Loegaire stieg aus dem Wagen und sagte zu seinem Wagenlenker:
„Wir werden hier warten, bis der Nebel sich lichtet."
Der Wagenlenker brachte die Pferde auf eine in der Nähe gelegene Wiese, und dort sah er, dass ein riesiges Ungeheuer auf ihn zukam. Es war kein lieblicher Anblick: breite Schultern, riesiger Mund, hervorquellende Augen, struppiger Bart, hässlich, runzlig, mit buschigen Augenbrauen und entsetzlich abstoßend. Es war mächtig, rücksichtslos, es troff vor Arroganz, Eitelkeit, es schnaufte, hatte schwere Eier, hatte starke Arme, war kühn. Jedes Glied und jeder Körperteil von seinen Schultern bis zum Boden war kohlschwarz. Es war grausam, ungeschlacht und missgestaltet.
Es hatte dunkle graue wässrige blutunterlaufene Augen. Seine Nase war in der Mitte gebrochen und seine Nasenlöcher glichen Höhlen. Jeder grüngelbe Zahn in seinem Mund war groß wie ein Schachbrett und saß schräg zwischen seinen beiden Kiefern. Ein Schiff unter vollen Segeln konnte zwischen Mund und Schlund dieses Mannes hindurchschlüpfen. Seine Haare waren schwarz und kurzgeschoren, abgesehen von einer fettigen Strähne, die wie der Schweif eines wilden Pferdes über seine Schultern hing.
Seine krummen, verbogenen Wadenknochen hätten Baumstümpfe sein könnten, denen die Zweige genommen worden waren und die in Salzsäcke gewickelt wurden. Lange, verzerrte sackartige Oberschenkel, knubbelige Knie, Füße breit wie Schaufeln, ein Arsch so groß wie ein Muskessel - dieser Mann war ungewöhnlich missgestaltet. Er trug einen gelbbraunen Umhang, einen kurzen Kittel, der ihm bis auf die Hinterbacken reichte, und verdreckte alte Hosen bis zu seinen Füßen. Die mörderische riesige Schlehenkeule, die er auf dem Rücken trug, hatte die Größe vom Schaft eines Mühlrades. Ein fetter struppiger Hund begleitete ihn.
„Wem gehören diese Pferde, Bursche?", fragte er und starrte den Wagenlenker voller Verachtung an.
„Das sind die Pferde des Loegaire Buadach", erwiderte der Wagenlenker.
„Sehr wohl", sagte das Ungeheuer. „Ein Mann, der sich um seine Pferde kümmert, ist ein guter Mann."

Während er das sagte, hob er seine Keule und schlug damit auf den Burschen ein, er schlug ihn vom Knöchel bis zum Kopf. Der Junge stöhnte und schrie um Hilfe. Loegaire kam dazu und fragte: „Was hast du dem Knaben angetan?"
„Das ist die Strafe dafür, dass die Wiese beschädigt wird", sagte der Unhold.
„Dann halte dich an mich", sagte Loegaire.
Sie fingen an zu kämpfen, doch schon bald musste Loegaire fliehen, und er rannte, bis er in Emain Macha ankam, und ließ seine Pferde und seinen Wagen und seinen Wagenlenker und seine Waffen zurück.
Dann schlug Conall Cernach denselben Weg ein und erreichte den Ort, wo der magische Nebel Loegaire zum Halten gezwungen hatte. Der Nebel war so dunkel, dicht und schwer, dass Conall Erde und Himmel nicht mehr unterscheiden konnte. Er stieg aus seinem Wagen, und sein Wagenlenker schirrte die Pferde auf der uns bekannten Wiese ab. Schon bald sah der Junge das Ungeheuer auf sich zukommen. Das fragte den Knaben, wessen Diener er sei.
„Ich bin der Diener des Conall Cernach", war die Antwort.
„Ein guter Mann", sagte das Ungeheuer, hob die Hand und schlug den Jungen vom Kopf bis zum Knöchel. Der Junge schrie auf. Conall stürzte herbei und kämpfte gegen das Ungeheuer, bis er wie zuvor Loegaire überwältigt wurde, und er rannte, bis er Emain Macha erreichte, und ließ seine Waffen und seinen Wagen und seinen Wagenlenker und seine Pferde zurück.
Cúchulainn nahm ebenfalls diesen Weg und erreichte denselben Ort und stieß auf denselben Nebel wie die anderen beiden. Er stieg aus seinem Wagen und Láeg führte die Pferde auf die Wiese. Schon bald sah er einen Mann auf sich zukommen, der ihn fragte, wessen Diener er sei.
„Der Diener des Cúchulainn", sagte er.
„Ein guter Mann", sagte das Ungeheuer und schlug mit der Keule auf ihn ein. Láeg schrie auf. Cúchulainn kam dazu und er und das Ungeheuer schlugen aufeinander ein. Bald hatte Cúchulainn das Ungeheuer besiegt und er nahm seine Pferde und seinen Wagenlenker und die der beiden anderen Krieger mit sich nach Emain Macha und übergab sie dort Loegaire und Conaill.
„Die Portion des Helden steht dir zu", sagte Bricriu zu Cúchulainn. Zu Loegaire und Conall sagte er: „Aus euren Taten geht hervor, dass ihr nicht seinesgleichen seid."

„Das stimmt nicht, Bricriu", sagten die beiden. „Wir wissen, dass er sich mit seinen Freunden aus der Anderwelt abgesprochen hat, um uns Streiche zu spielen, was die Heldenportion angeht, und wir werden sie ihm nicht überlassen."

Conor und Fergus und die Männer von Ulster konnten diesen Streit nicht schlichten und sie beschlossen, mit den drei Helden zu Ailill und Maeve nach Cruachan Aí zu gehen, um dort die Frage des Wörterkrieges der Frauen und die der Heldenportion zu klären.

Die Männer von Ulster gehen nach Cruachan Aí

Alle machten sich auf den Weg, nur nicht Cúchulainn, er blieb zurück und unterhielt die Frauen mit seinen neun Apfeltricks, seinen neun Speertricks und seinen neun Messertricks, und er jonglierte mit allen, ohne dass eins gegen das andere stieß. Láeg ging zu ihm und sagte: „Du Elender. Deine Macht und deine Geschicklichkeit sind verflogen und du hast jede Aussicht auf die Heldenportion verloren. Die Männer von Ulster sind bereits in Cruachan eingetroffen."

„Mir war gar nicht aufgefallen, dass sie schon weg sind, Láeg", sagte Cúchulainn. „Fahr schon mal den Wagen vor."

Láeg schirrte die Pferde an und sie brachen auf. Die Männern von Ulster waren in Wirklichkeit erst bei der Ebene von Bregia angekommen, und als Cúchulainn Sliabh Fuat und die Ebene von Bregia durchquerte, galoppierten der Graue von Macha und der Schwarze Sainglend so schnell, dass der letzte Wagen, der die Bankettahalle verlassen hatte, in Cruachan Aí als erster eintraf.

Die Eile der Männer von Ulster und ihr dröhnender Anmarsch ließen den königlichen Palast so sehr erbeben, dass die Waffen von den Wänden fielen und auf den Boden klirrten, die Späher im Wachtturm schwankten wie Binsen in einem Bach und Maeve sagte: „Es gibt Donner, aber keine Wolken."

Findabair, die Tochter von Ailill und Maeve, ging zur Sonnenterrasse über dem Burgtor.

„Ich sehe einen Wagen über die Ebene kommen", sagte sie.

„Beschreib mir die Gestalt des Mannes, die Farbe der Pferde und die Bewegung des Wagens", sagte Maeve.

„Ich sehe zwei Pferde, die den Wagen ziehen", sagte das Mädchen. „Zwei feurige graue Schecken mit gespitzten Ohren, dünne Schnauzen, breiter Brust, schlanken Flanken. Ein Wagen aus Weidengeflecht mit Verzierungen und schwarzen Rädern und eine Deichsel gerade wie ein Schwert. Ein Mann mit blonden Locken steht im Wagen. Er hat die Haare in drei Farben geflochten: braun am Hinterkopf, blutrot in der Mitte und am Ende einen Kreis aus gelbgoldenen Haaren. Drei Reifen um seinen Kopf. Ein vornehmer purpurroter Umhang mit fünf Silberspangen hüllt ihn ein. Ein Schild, der für die Schlacht geschaffen ist, mit einem polierten Bronzerand und einer fünfzackigen Buckelspitze lodert in seiner Faust. Über seinem Wagen schwebt ein Baldachin aus wilden Vögeln."
„Ich erkenne den Mann nach dieser Beschreibung", sagte Maeve.

> „Ein Bezwinger von Königen
> der den Sieg verdient
> tödlicher Krieger
> Feuer des Verderbens
> rächender Zerstörer
> drachenherzig,
> Braune Maus,
> rothändiger Loegaire mit der schnellen scharfen Schwertkante und der wogenden Dünung der Widerhiebe."

„Ich schwöre bei dem Eid, den meine Leute schwören, wenn Loegaire Buadach im feindseligen Zorn zu uns kommt, werden wir wie Lauch zu Boden gemäht, mit einer kühnen Klinge, wenn wir nicht tun, was er will."
„Ich sehe noch einen Wagen über die Ebene kommen", sagte Findabair.
„Beschreibe die Gestalt des Mannes, die Farbe der Pferde und die Bewegungen des Wagens", sagte Maeve.
„Ich sehe zwei Pferde, die den Wagen ziehen", sagte das Mädchen. „Das eine ist ein zäher Rotschimmel mit weißem Gesicht, schnell wie ein Pfeil, er springt wie ein wildes Reh, er trägt eine Brustplatte, die heftige und siegreiche Streiche austeilt. Er jagt durch Furten, Mündungen, Pässe, Buschland und Ebenen wie eine Vogelschar, schneller, als mein Auge verfolgen kann. Das andere Pferd ist stämmig, tückisch und kastanienbraun, mit dicker wogender Mähne, breiter

Brust und breitem Rücken, schlanker Flanke, starkem Hinterteil. Es ist der Herr des Gebietes zwischen den Ebenen - von Ödland und Unland - aber ebenso leicht bringt es einen Krieger über die Straßen. Der Wagen ist aus Fichtenholz mit feinen runden Verzierungen aus Bronze, die Deichsel ist versilbert, das Joch reich verziert, beide Zügel in Gold gefasst. Ein Mann mit blonden Locken steht im Wagen. Sein Gesicht ist halb rot und halb weiß. Er trägt einen offenen weißen Kittel und einen tiefblauen und tief purpurnen Umhang und hat einen braunen Schild mit Bronzerand und gelbem Buckel. Ein roter feuriger Speer lodert in seiner Hand auf. Ein Baldachin aus weißen Vögeln schwebt über dem Wagen."
„Ich erkenne den Mann nach dieser Beschreibung", sagte Maeve.

> „Ein brüllender Löwe
> ein wütender Luchs
> Pfeiler der Verwüstung
> Triumph über die Zitternden
> grausamer Schnitter
> von Kopf um Kopf
> Tat um Tat
> Kampf um Kampf.
> Streit wird zu Zerstörung:
> wie die Tötung einer Forelle auf rotem Sand -
> so wäre der brünstige Zorn
> mit dem der Sohn des Find Chóem uns überschütten würde."

„Ich schwöre bei dem Eid, den meine Leute schwören, wie eine auf rotglühendem Stein mit Eisenstangen erschlagene Forelle werden wir von Conal Cernach in seiner übermenschlichen Wut in kleine Scheiben geschnitten werden."
„Ich sehe noch einen Wagen durch die Ebene kommen."
„Beschreibe die Gestalt des Mannes, die Farbe der Pferde und die Bewegungen des Wagens", sagte Maeve.
„Ich sehe zwei Pferde, die den Wagen ziehen", sagte das Mädchen. „Ein graues Pferd mit breiter Brust und Hüfte, schnellfüßig, luchsleicht, langer wehender Schweif, mächtige stürmisch fliegende Mähne, hoher Kopf, breite Brust. Unter

seinen mächtigen Hufen stieben Grassoden auf. Seine vier raschen Hufe jagen wütend vorbei an schnell fliegenden gefiederten Scharen, um das Rennen zu gewinnen und den Preis zu holen. Dampf steigt von diesem gespenstischen Ross auf, aus der Trense in seinem Mund stieben lodernde Funken.

Das andere Pferd ist ein lebhafter pechschwarzer hartköpfiger zäher edel starkhüftiger Steher mit raschen Füßen, einer dicken wogenden Mähne und einem üppigen wehenden Schweif. Nach einer Schlacht läuft er durch das Land, galoppiert durch Täler und über Weiden. Er zieht einen Wagen aus Weidengeflecht mit bronzenem Rahmen, vergoldetem Joch und gelben, eisernen, mit Gold beschlagenen Rädern, und breiten Goldfransen an den Zügeln.

Der dunkle blutgefleckte Mann im Wagen ist der erste unter den Männern Irlands. Er trägt einen schön geschnittenen purpurroten Kittel, eine reich verzierte goldene Spange schließt seinen Umhang und schlägt im Kriegerrythmus gegen seine noble Brust. Acht rote Drachensteine. Pupillen in der Mitte seiner zwei Augen. Zwei glühende blutrote blaugeäderte Wangen lassen Funken und Dampf aufsteigen. Er vollbringt den hohen Heldensprung in die Luft und neun Kriegertaten über dem Wagen."

„Das ist wahrlich ein Tropfen vor dem Regenguss", sagte Maeve. „Ich erkenne den Mann nach dieser Beschreibung.

>Er ist ein Mühlstein des Ozeans
>ein springendes Seeungeheuer
>ein Blutpresser
>ein großer Bär von Flutwelle
>ein wildes wütendes Biest
>ein brutaler Bringer von Schlachten, Überfällen, wildem Gemetzel.
>Er ist ein kämpfender Feind
>Ein Verwalter von Tod und Verwüstung, der Tat auf Tat und Haupt auf Haupt lädt
>So und nicht anders beschreiben die Dichter Cúchulainn. Seine Mühle wird uns zu Krümeln zermahlen."

Ein Donnerhall zerfetzte die Luft zu stürmischen Wogen, die die Erde beben ließen, kündigten die Ankunft der restlichen Wagen der Ulstermänner in Cruachan Aí an. Maeve rief ihren Leuten zu:
„Bringt gut aussehende nackte Frauen zu ihrer Begrüßung, barbusig, splitternackt und herausfordernd, Frauen, die bereit sind, zu den Gästen freundlich zu sein und sich mit ihnen zu paaren - Zitadellen, deren Tore offen liegen. Bereitet Fässer mit kaltem Wasser und Liegen vor, jede Menge frisches Essen, und das Beste von unserem Vorrat aus betäubenden Malzschnäpsen. Wenn sie also kämpfen wollen, werden sie uns dann nicht unbedingt töten wollen."
Maeve begab sich mit hundertfünfzig jungen Frauen auf den Burghof und stellte drei Fässer mit kaltem Wasser vor die drei Helden, um sie abzukühlen. Dann fragte sie, ob sie ein Haus für jeden oder eins für alle drei wollten.
„Für jeden von uns ein eigenes Haus", sagte Cúchulainn.
Sie suchten sich Frauen aus und gingen mit ihnen in die Häuser, die mit üppigen Betten eingerichtet waren. Cúchulainn entschied sich für Findabair, die Tochter von Maeve und Ailill. Dann traten Maeve und Ailil mit ihrem gesamten Haushalt vor, um Conor und die restlichen Männer von Ulster zu empfangen.
„Das ist eine Freude für uns", sagte Sencha, als sie ihn willkommen geheißen hatten.
Die Männer aus Ulster wurden in die Burg geführt und konnten sich überall aufhalten, auf den sieben Innenhöfen und den sieben Sälen zwischen dem Feuer und der Mauer. Es gab bronzene Täfelungen und Eibenschnitzereien und drei bronzene Leisten im Dachgewölbe. Das Haus war aus Eiche mit einem Schieferdach und Glasfenstern. Maeve und Aillils Wohnung mit Silbertäfelung und Bronzestreifen und einem silbernem Pfosten befand sich mitten im Haus, sodass Aillill alle sehen konnte. Große Feste wurden vorbereitet und die Männer von Ulster blieben drei Tage und drei Nächte.
Dann fragte Ailill die Männer von Ulster nach dem Grund ihres Kommens, und Sencha erklärte, wie die Krieger sich um den Heldenanteil gestritten hatten und wie die Damen darum wetteiferten, welcher der Vortritt gebühre. „Und sie wollten nur dein Urteil gelten lassen", fügte er hinzu.
Ailill staunte und war durchaus nicht glücklich. „Ich sehe keinen Grund, warum dieser Streit zu mir getragen worden ist", sagte er. „Falls es nicht aus Bosheit geschieht."

„Aber es gibt doch sicher keinen Besseren als dich, um diese Entscheidung zu fällen", sagte Sencha.

„Ich möchte um Bedenkzeit bitten", sagte Ailill.

„Wir brauchen unsere Helden", sagte Sencha. „Denn sie sind mehr wert als geringere Männer."

„Dann werden drei Tage und drei Nächte genug sein", sagte Ailill.

„Da wirst du unsere Freundschaft nicht belasten", sagte Sencha, und die Männer von Ulster brachen auf, segneten Ailill und Maeve und verfluchten Bricriu, denn er hatte die Zwietracht doch gesät. Loegaire, Conall und Cúchulainn blieben zurück, um Ailills. Urteil abzuwarten.

Als sie an diesem Abend aßen, wurden aus der Höhle von Cruachan drei Dämonenkatzen losgelassen und griffen sie an. Loegaire und Conall stiegen zwischen die Dachbalken und ließen den Bestien ihre Mahlzeit zurück und blieben bis zum nächsten Morgen dort oben. Cúchulainn bewegte sich nicht von der Stelle, als die Katze näherkam. Als sie den Hals nach dem Essen ausstreckte, schlug er ihr mit dem Schwert auf den Kopf, aber das Schwert prallte ab wie von einem Stein. Die Katze setzte sich und Cúchulainn schlief und aß nicht, bis der Morgen kam. Dann verschwanden die Katzen.

Als Ailill hereinkam und Loegaire und Conall noch immer zwischen den Dachbalken hockten und Cúchulainn am Tisch saß, sagte er: „Reicht das denn nicht als Urteil?"

„Wir kämpfen nicht gegen Tiere, sondern gegen Menschen", sagten Loegaire und Conall.

Ailill ging in seine Wohnung und lehnte sich dort im Sitzen an die Wand, besorgt und unschlüssig, Er schlief drei Tage und drei Nächte lang nicht. Endlich sagte Maeve: „Du bist zu zaghaft. Wenn du nicht entscheidest, dann werde ich das tun."

„Es fällt mir schwer, dieses Urteil zu fällen", sagte er. „Da haben sie mir eine bittere Aufgabe auferlegt."

„Das ist überhaupt nicht schwer", sagte Maeve. „Loegaire mit Conall zu vergleichen ist, wie Bronze mit Silber zu vergleichen, und Conall mit Cúchulainn zu vergleichen, ist, wie Silber mit Gold zu vergleichen."

Sie rief Loegaire zu sich und sagte: „Willkommen, Loegaire, du Siegreicher. Es ist recht und billig, dir die Heldenportion zuzusprechen, den Titel des Königs der Krieger Irlands für immer, und diesen Bronzebecher mit einem Silbervögel ganz unten als Beweis für unsere Entscheidung. Aber zeige ihn niemandem, bis du die Halle des Roten Zweiges in Emain Macha erreicht hast und sie den Anteil des Helden auftragen. Dann, wenn alle Helden von Ulster sich versammelt haben, nimm den Becher und zeige ihn vor, damit sie wissen, es ist der Beweis dafür, dass die Heldenportion dir zusteht, und niemand wird sie dir streitig machen." Dann füllte sie den Becher mit Wein und reichte ihn ihm, und Loegaire trank alles auf einen Zug und Maeve sagte: „Das ist fürwahr das Fest eines Siegers. Mögen dein Name und den Ruhm für hundert mal hundert Jahre von den Kriegern von Ulster gefeiert werden."

Loegaire nahm Abschied und Maeve rief Conall Cernach zu sich und hielt ihm dieselbe Rede wie vorher Loegaire.

„Willkommen, Conall, du Bezwinger. Es ist recht und billig, dir die Heldenportion zuzusprechen, den Titel des Königs der Krieger von Irland für immer, und diesen Silberbecher mit einem Goldvogel ganz unten als Beweis für unsere Entscheidung. Aber zeige ihn niemandem, bis du die Halle des Roten Zweiges in Emain Macha erreicht hast und sie den Anteil des Siegers auftragen. Dann, wenn alle Helden von Ulster sich versammelt haben, nimm den Becher und zeige ihn vor, damit sie wissen, es ist der Beweis dafür, dass die Heldenportion dir zusteht, und niemand wird sie dir streitig machen." Dann füllte sie den Becher mit Wein und reichte ihn ihm, und Loegaire trank alles auf einen Zug und Maeve sagte: „Das ist fürwahr das Fest eines Siegers. Mögen dein Name und den Ruhm für hundert mal hundert Jahre von den Kriegern von Ulster gefeiert werden."

Conall nahm Abschied und Maeve ließ Cúchulainn kommen.

Cúchulainn saß gerade mit Láeg Mac Riangabra, seinem Wagenlenker, beim Schach, als der Bote eintraf und sagte: „Der König und die Königin wollen dich sprechen."

„Du machst dich lustig über mich", sagte Cúchulainn. „Geh mit diesen Lügen zu einem anderen Narren."

Er bewarf den Boten mit einer Schachfigur und traf ihn mitten auf der Stirn. Der Mann brach zwischen Ailill und Maeve tot zusammen.

„Weh mir", sagte Maeve. „Cúchulainns Kriegerzorn bringt Gemetzel."

Sie ging zu ihm und legte ihm die Arme um den Hals.

„Geh mit deinen Lügen zu einem anderen", sagte er.

„Wunderbarer Sohn Ulsters", sagte Maeve. „Betörender Held von Irland, zwischen uns gibt es keine Lügen. Wenn alle Krieger Irlands kämen, würden wir doch dir den Preis geben, denn die Männer Irlands erkennen deine Überlegenheit an Ruhm und Kampfgeschick, an Tugenden und Edelmut."

Cúchulainn erhob sich und folgte Maeve in den Palast, wo Ailill ihn herzlich willkommen hieß. Ailill reichte ihm einen goldenen Becher, der mit ihrem besten Wein gefüllt war, und in dem ein Vogel aus Edelsteinen den Boden zierte, sowie einen Drachenstein so groß wie seine beiden Augen.

„Hier ist nun", sagte Maeve, „der wahre Heldenanteil für dich. Mögen dein Name und dein Ruhm für hundert mal hundert Jahre von den Kriegern von Ulster gefeiert werden."

„Und außerdem", sagten Ailill und Maeve, „so lautet unser Urteil: So, wie es unter den Kriegern von Ulster nicht deinesgleichen gibt, so wenig kann irgendeine Frau von Ulster sich mit deiner Frau messen, und deshalb gebührt ihr der Vortritt in die Bankettahalle."

Darauf trank Cúchulainn, er leerte den Kelch, nahm Abschied von König und Königin und ihrem Haushalt und machte sich mit seinem Wagenlenker Láeg auf den Weg.

Aber dann überlegte Maeve sich die Sache anders und beschloss, die drei Helden noch weiter auf die Probe zu stellen. Sie rief sie zurück und sie spannten ihre Pferde aus. Sie kehrten in ihrer Unterkünfte zurück, wo Loegaire von Conchend, der Tochter des Cet Mac Mágach, und ihren fünfzig Jungfrauen versorgt wurde. Conall hatte die Gesellschaft von Sive der Beredten, einer Tochter von Maeve und Ailill, und ihren fünfzig, und Cúchulainn genoss die Gesellschaft von Maeves und Ailills Tochter Findabair und ihren fünfzig. Auch Maeve suchte Cúchulainn auf.

Am Morgen rief Cúchulainn die hundertfünfzig Hoffrauen zu sich, um ihnen einen Trick vorzuführen. Er ließ sich von jeder eine Nadel geben und warf die Nadeln auf eine Weise in die Luft, dass jede Nadel sich ins Öhr einer anderen bohrte, so dass sie alle aneinander hingen. Dann fing er die Nadeln auf und gab jede ihrer rechtmäßigen Besitzerin zurück.

Maeve schickte die Helden zu ihrem Pflegevater und ihrer Stiefmutter, Ercol und Garmna, die sie zu Samera schickten und die wiederum schickte sie zu den Kriegerinnen des Tals. Loegaire begab sich als Erster zu den Kriegerinnen. Sie besiegten ihn, zogen ihm die Kleider aus und nahmen ihm seine Waffen. Conall war der nächste. Er behielt Kleider und Schwert, verlor aber die übrigen Waffen. Cúchulainn war schon fast geschlagen, als Láeg ihn wegen seiner Schwäche verspottete. Cúchulainns Kampfeswut überkam ihn und er zerhackte und zerschmetterte die Kriegerinnen, bis das Tal vom Blut rot war. Samera gab zu, dass Cúchulainn die Heldenportion verdient habe und dass Emer der Vortritt vor allen Frauen von Ulster gebührte.

Die drei Krieger kehrten zurück zu Ercol, der mit Loegaire und Conall kämpfte und von Cúchulainn besiegt und als Gefangener nach Emain Macha gebracht wurde. Als Loegaire, Conall und Cúchulainn dort eintrafen, wagte niemand, nach dem Ergebnis ihres Besuches bei Ailill und Maeve zu fragen.

Die Männer von Ulster hatten sich in der Methalle versammelt, und für ihre Bedienung zuständig war Cúchulainns Vater, Sualtam Mac Róich. Die Heldenportion wurde zurückgehalten, als die Saaldiener begannen, den Rest des Mahls aufzutragen, und Dubtach Schabezunge fragte: „Warum wird die Heldenportion keinem dieser edlen Krieger vorgesetzt, da diese drei aus Cruachan ohne Aillils Entscheidung darüber zurückgekehrt sind, wer sie bekommen sollte?"

Loegaire erhob sich und hob den Bronzekelch mit dem Silbervogel auf dem Boden und sagt: „Die Heldenportion gehört mir, und niemand wird sie mir wegnehmen."

„Sie gehört nicht dir", sagte Conall Cernach. „Sie haben dir einen Bronzekelch gegeben, mir aber einen silbernen. Dieser Unterschied zeigt deutlich, dass die Heldenportion mir zukommt."

„Sie gehört keinem von euch", sagte Cúchulainn und stand nun ebenfalls auf. „Ihr könnt nicht beweisen, dass einem von euch die Heldenportion zugeteilt worden ist. Der König und die Königin wollten eure Feindseligkeit nicht dadurch erregen, dass sie das Feuer noch weiter schürten. Ihr habt beide die Preise verdient, die ihr erhalten habt, aber die Heldenportion gehört mir, denn ich habe den besten Preis erhalten."

Er zeigte den goldenen Kelch mit dem Vogel aus Edelsteinen und dem Drachenstein, der so groß war wie seine beiden Augen, und Conor und alle Edlen von Ulster konnten ihn sehen.

„Die Heldenportion gehört mit Fug und Recht mir", sagte Cúchulainn dann noch. „Es sei denn, jemand könnte sie mir mit Gewalt wegnehmen."

„Wir stimmen alle zu", sagten Conor und Fergus und alle Edlen von Ulster wie aus einem Munde. „Die Heldenportion fällt durch die Entscheidung von Ailill und Maeve an dich."

„Ich schwöre bei dem Eid, den meine Leute schwören", sagten Loegaire und Conall, „dass dieser Kelch seinen Preis hatte. Du hast Ailill und Maeve mit Juwelen und anderen Geschenken bestochen, so dass sie den Heldenanteil dir zusprechen und sonst keinem."

„Ich schwöre bei dem Eid, bei dem meine Leute schwören", sagte Conall. „Ich habe keine Achtung vor diesem Urteil und du bekommst die Heldenportion nicht."

Alle drei sprangen auf und griffen zu den Schwertern. Conor und Fergus schalteten sich ein und packten ihre Hände und zwangen sie, die Schwerter wieder in die Scheide zu stecken.

„Aufhören", sagte Sencha. „Und tut, was ich euch sagte."

„Das werden wir", sagten sie.

Die Helden machen sich abermals auf den Weg zu Cú Roí

Cú Roí war nicht zu Hause, als sie dort eintrafen - er war ins Land der Skythen gezogen -, aber er wusste von ihrem Kommen, deshalb hatte er seine Frau Bláthnat, Tochter des Mind, gebeten, sie freundlich zu empfangen. Das tat sie, und sie sagte ihnen, Cú Roí wünsche, dass sie sich bis zu seiner Rückkehr mit der Bewachung der Burg ablösten und dabei nach dem Alter vorgingen. Egal, in welchem Teil der Welt Cú Roí sich auch aufhalten mochte, jede Nacht warf er einen Zauber über seine Burg, damit sie sich so schnell drehte wie ein Mühlstein und niemand nach Sonnenuntergang das Burgtor finden und angreifen könnte.

Da Loegaire Buadach der Älteste war, stand er in der ersten Nacht Wache.

So ging es bis zum Sonnenaufgang, und dann sah er in der Ferne ein Ungeheuer, das von Westen her über die See kam. Das Ungeheuer war riesengroß und hässlich und beängstigend. Es schien bis zum Himmel zu reichen und Loegaire konnte zwischen seinen Beinen das Meer schimmern sehen. In jeder Hand trug es eine Karrenladung aus entästeten Eichbäumen. Es warf einen davon auf Loegaire, der ausweichen konnte, dann noch drei, aber keiner traf Loegaire oder dessen Schild. Dann warf Loegaire einen Speer und verfehlte ihn.

Das Ungeheuer streckte eine Hand so breit wie ein Feld nach Loegaire aus und packte ihn. Loegaire war zwar groß und stark, aber er passte in die Hand des Ungeheuers wie ein drei Jahre altes Kind. Das Ungeheuer wirbelte ihn zwischen seinen Handflächen herum wie eine Schachfigur und warf ihn dann über die Mauer der Burg. Loegaire landete halb tot draußen im Misthaufen. Es gab damals keine Öffnung in der Mauer und alle Männer drinnen glaubten, er sei über die Mauer gesprungen, um sie herauszufordern, es ihm gleichzutun. Bis zum Ende des Tages versuchten sie das ohne Erfolg.
Conall Cernach, der älter war als Cúchulainn, übernahm die nächste Wache und ihm widerfuhr dasselbe wie Loegaire.
In der dritten Nacht trat Cúchulainn die Wache an. Die drei Grauen aus dem Sumpf des Kalten Fleisches, die drei Irren Ochsen von Bregia, und die drei Söhne der Mächtigen Faust der Musik fanden sich ein, um die Burg zu vernichten. Es war zudem die Nacht, in der einer Weissagung gemäß das Ungeheuer, das im See neben der Burg lebte, alle Menschen und Tiere darin verschlingen würde. Cúchulainn spürte kommendes Übel, als er seine Wache antrat. Gegen Mitternacht hörte er lauten Lärm.
„Hallo, hallo", rief er. „Wer da? Wenn ihr Freunde seid, bleibt, wo ihr seid. Wenn ihr Feinde seid, schert euch fort."
Sie kreischten ihn an und er sprang auf sie und alle neun lagen tot auf dem Boden. Dann stapelte er ihre Köpfe am Ausguck aufeinander und nahm seine Wache wieder auf. Noch neun kreischten ihn an und dann abermals neun. Er ging mit allen auf dieselbe Weise um und stapelte alle Köpfe und Überreste zu einem Cairn auf. Er blieb dort für den Rest der Nacht, müde, erschöpft und besorgt. Dann hörte er vom See her tosende Wellen und wollte nachsehen, was die verursacht hatte. Er sah ein Wasserungeheuer von fünfzehn Meter Länge, das aus dem See aufstieg. Es erhob sich in die Luft und sprang auf die Burg und riss den Schlund auf, um eines der königlichen Häuser zu verschlingen.
Cúchulainn sprang hoch in die Luft und wirbelte rasendschnell um das Ungeheuer herum. Er schlang die Arme um die Kehle der Bestie, griff in deren Schlund, riss ihr das Herz aus dem Leib und schleuderte den Rumpf zu Boden.

Dann griff er zu seinem Schwert, hackte das Ungeheuer in Stücke und warf den Kopf zu den anderen auf seinen Ausgucksitz.

Er wartete zerschlagen und erschöpft bis zur Morgendämmerung, dann sah er das Ungeheuer, das schon Loegaire und Conall angegriffen hatte, über das Meer auf sich zukommen.

„Das ist nicht gerade deine Nacht", sagte das Ungeheuer.

„Aber deine noch viel weniger, du Unhold", erwiderte Cúchulainn.

Das Ungeheuer warf eine der entästeten Eichen auf ihn, aber Cúchulainn wich dieser und drei weiteren Eichen aus. Dann warf Cúchulainn seinen Wurfspeer, verpasste aber das Ungeheuer. Das streckte die Hand aus, um ihn wie die anderen zu packen, aber Cúchulainn machte seinen Lachssprung über den Kopf des Ungeheuers, so schnell wie ein wildes Tier. Immer wieder wirbelte er herum, wie ein Wasserrad, und dem Ungeheuer wurde schwindlig.

„Ein Leben für ein Leben, Cúchulainn", sagte das Ungeheuer.

„Gib mir drei Wünsche frei", sagte Cúchulainn.

„Die sind dein, wenn du sie ohne Atem zu holen sagen kannst."

„Den Titel des Königs von Irlands Kriegern für immer, die Heldenportion ohne Widerspruch für mich und meine Frau soll den Vortritt vor allen Frauen von Ulster haben."

„So wird es von nun an sein", sagte das Ungeheuer und war verschwunden.

Cúchulainn dachte über die Sprünge nach, die Loegaire und Conall über die Mauer getan hatten, er wusste ja nicht, dass das Ungeheuer sie hinüber geworfen hatte. Er versuchte den Sprung zweimal, schaffte es aber nicht, und nun dachte er, er habe die Heldenportion nicht verdient, da Loegaire und Conall etwas schafften, was ihm nicht gelang. Er trat zurück und sprang gegen die Mauer und stieß sich die Stirn. Dann sprang er so hoch, dass er unter sich die gesamte Burg sehen konnte. Und endlich wurde er so wütend, dass er einfach über die Mauer stieg und bei dem Eingangstor landete. Seine beiden Fußabdrücke können noch immer in der Steinplatte vor dem Tor gesehen werden. Dann ging er ins Haus und seufzte tief.

Bláthnat wusste genau, welche Prüfungen Cúchualainn in dieser Nacht bestanden hatte. Sie sagte: „Das war wahrlich kein Seufzer der Schande, sondern ein Seufzer des Triumphs und des Sieges."

Sie sahen, dass Cú Roí auf die Burg zukam, mit den Überresten der dreimal neun, die Cúchulainn getötet hatte, sowie ihren Köpfen und dem Kopf des

Ungeheuers. Er warf sie auf den Boden und sagte. „Der Knabe, der alle diese Trophäen in einer Nacht gesammelt hat, ist allein würdig, für immer die Burg eines Königs zu bewachen. - Von euch, die ihr euch gestritten habt, die Heldenportion gebührt ohne Zweifel Cúchulainn über allen anderen Kriegern Irland. Nicht einmal die Tapfersten unter ihnen könnten es ihm gleichtun und so viele Trophäen an sich bringen."

Und so entschied Cú Roí, dass die Heldenportion Cúchulainn eher zukam als allen anderen Kriegern der Gälen, und dass seine Frau im Bankettsaal den Vortritt vor allen anderen Frauen von Ulster haben müsse. Er schenkte ihm zudem den Wert von einundzwanzig Kühen in Gold und Silber als Belohnung für seine Arbeit in dieser Nacht.

Danach nahmen Loegaire, Conall und Cúchulainn Abschied von Cú Roí und trafen noch vor Ende des Tages in Emain Macha ein. Beim Abendmahl aber hielten die Diener abermals die Heldenportion zurück, als sie das Essen austeilten.

„Wir sehen", sagte Dubtach Schabezunge, „dass ihr euch heute Abend nicht um die Heldenportion streitet. Vielleicht hat der, den ihr befragen wolltet, sein Urteil gefällt?"

Die anderen Krieger meldeten sich zu Wort und sagten zu Cúchulainn: „Die Heldenportion ist keinem von euch zugesprochen worden. Und wenn doch, so hat Cúchulainn nichts darüber gesagt, seit sie in Emain Macha eingetroffen sind."

Cúchulainn sagte, ihm stehe durchaus nicht der Sinn nach weiterem Streit um die Heldenportion, denn sie sei es nicht wert, da die Verluste größer seien als der Gewinn. Aus diesem Grund wurde die Verteilung der Heldenportion erst entschieden, als ...

Der Vertrag der Helden in Emain Macha

Eines Tages ruhten die Männer von Ulster sich nach einem Tag voller Wettkämpfe in Emain Macha aus. Conor und Fergus Mac Róich und die Edlen von Ulster kamen vom Sportfeld her in die Halle des roten Zweiges. Cúchulainn und Loegaire Buadach und Conall Cernach waren an diesem Abend nicht anwesend, ansonsten aber waren die besten Krieger von Ulster versammelt.

Als es dunkel wurde, sahen sie, wie ein riesiger grausiger Riese die Halle betrat. Er war mindestens zweimal so groß wie jeder der Krieger von Ulster, er war hässlich und beängstigend. Er trug eine ungegerbte stinkende alte Tierhaut und einen dumpfgrauen Umhang, und seine Haare waren so dicht und füllig, dass sich darunter dreißig Kälber hätten verbergen können. Aus seinem Kopf quollen zwei wütende gelbe Augen, jedes so groß wie ein Kessel, in dem ein Ochse gekocht werden konnte. Jeder seiner Finger war so dick wie der Oberarm eines gewöhnlichen Mannes. In der linken Hand trug er einen Hackklotz, der soviel wog wie ein Gespann mit zwanzig Ochsen. In seiner rechten Hand hatte er drei gewaltige Eisengewichte. Er hätte ein Gespann aus sechs Ochsen gebraucht, um die zu bewegen. Die messerscharfe Kante der drei Eisengewichte zerschnitt Haare, die dagegen geweht wurden. Der Riese ging zur Feuerstelle und stellte sich vor das Feuer unter den Rauchabzug.

„Ist die Halle so klein für dich", sagte Dubtach Schabezunge, „dass du unter dem Rauchabzug vor dem Feuer stehen musst, oder willst du den Kerzenleuchter ausstechen? Aber dann wird die Halle verbrannt sein, ehe der Haushalt Licht bekommt."

Der Riese erwiderte: „Was immer ich vermag, ihr werdet feststellen, dass ich meine Größe unter Kontrolle habe und der Haushalt wird Licht erhalten, ohne dass die Halle niederbrennt. Aber das ist nicht meine einzige Begabung, ich habe noch andere.

Ich bin überall gereist, in Irland, Schottland, Europa, Afrika, Asien, Griechenland, im Land der Skythen, auf Orkney und zu den Pfeilern des Herkules, dem Turm des Breogán und der Insel von Cádiz", sagte er. „Doch nirgendwo bin ich einem Mann begegnet, der sich mir zum ritterlichem Kampf stellen mag. Da ihr Männer von Ulster jedoch die Krieger dieser anderen Länder an Kraft, Tapferkeit und Geschicklichkeit übertrefft, an Edelmut, Stolz und Würde, und an Gerechtigkeit, Großzügigkeit und überhaupt an allen Tugenden, dachte ich, ich könnte unter euch einen Mann finden, der diese Sache mit mir angeht."

„Es ist nicht richtig", sagte Fergus Mac Róich, „dass der gute Name einer Provinz aufs Spiel gesetzt wird, weil ein Mann seine Ehre nicht unter Beweis stellt. Vielleicht ist der Tod ihm nicht näher als dir."

„Ich versuche nicht, dem Tod zu entgehen", sagte der Riese.
„Dann sag uns, was dein Begehr ist", sagte Fergus.
„Nur, wenn ihr garantiert, mich nicht zu betrügen", erwiderte der Riese.
„Wir garantieren immer, nicht zu betrügen", sagte Sencha, „denn ein großes Volk darf keine Zusagen brechen, die es einem einzelnen Mann gegeben hat. Uns scheint, wenn du einen Mann findest, wie du suchst, dann wirst du hier unter uns einen finden, auf den deine Beschreibung zutrifft."
„Ich nehme Conor aus, denn er ist König", sagte der Fremde. „Und ebenfalls Fergus, wegen seines Rangs. Abgesehen von diesen beiden fordere ich jeden von euch Kriegern auf, auf meinen Vorschlag einzugehen: Dass ich ihm heute Nacht den Kopf abhaue, und er kann dann morgen Nacht meinen abhauen."
„In diesem Fall gibt es hier außer diesen beiden keinen Krieger", sagte Dubtach.
„Jetzt wohl", brüllte Muinremor und sprang vor. Er besaß die Kraft von hundert schlachterprobten Soldaten und hatte die Macht von hundert Heldenhieben in jedem Unterarm. „Bück dich, du Narr", sagte er. „Damit ich heute deinen Kopf abhauen kann, und morgen Nacht haust du dann meinen ab."
„Wenn ich das so wollte", sagte der Riese, „dann könnte ich das überall haben. Wir machen es so, wie es in meiner Herausforderung heißt: Ich haue dir heute Nacht den Kopf ab und du kannst dann morgen Nacht meinen abhacken."
„Ich schwöre bei meinen Leuten", sagte Dubtach zu dem Riesen.
„Du setzt hier nicht dein Leben aufs Spiel - oder läufst Gefahr, dass der Tote von heute Nacht dich morgen angreift. Nur du, wenn du die magische Kraft besitzt, kannst du jede Nacht getötet werden und dich dann am nächsten Tag rächen."
„Nun gut", sagte der Riese zu Muinremur. „Wir machen es so, wie du willst. Aber du musst dein Versprechen halten, morgen zurückzukehren und deinen Teil der Abmachung auszuführen."
Muinremor ließ sich von dem Riesen die Axt geben. Seine Klinge maß sieben Fuß. Der Riese legte den Kopf auf den Hackklotz, Muinremor senkte die Axt, und sie fuhr durch den Hals in den Klotz. Der Kopf landete unter dem Rauchabzug und die Halle füllte sich mit Blut. Der Riese erhob sich, hob seinen Kopf, die Axt und den Hackklotz auf, drückte sie an seine Brust und verließ die Halle, während Blut aus seinem Hals floss und die Halle füllte. Die Menschen dort waren verblüfft und entsetzt.

„Ich schwöre bei meinen Leuten", sagte Dubtach, „wenn dieser Riese morgen zurückkehrt, nachdem er heute getötet worden ist, wird er keinen einzigen Mann am Leben lassen."

Der Riese kehrte am nächsten Abend zurück, aber Muinremur war nicht zu sehen.

„Es ist nicht anständig, dass Muinremor sein Wort nicht gehalten hat", sagte der Riese. „Welcher von denen, die um den Heldenanteil von Ulster gekämpft haben, ist heute Abend hier? Wo ist Loegaire Buadach?"

„Ich bin hier", sagte Loegaire.

Loegaire gab dasselbe Versprechen ab wie Muinremur, war aber am nächsten Abend ebenfalls nicht zur Stelle. Seine Entschuldigung lautete: „Was kannst du schon sagen, wenn ein Mann, der ein Recht darauf hat, deinen Kopf verlangt", wie Yeats es in seinem Stück „Der grüne Helm" ausdrückt. In der dritten Nacht spielte sich mit Conall Cernach die gleiche Szene ab.

In der vierten Nacht saßen alle Frauen von Ulster in der Halle des roten Zweiges, um die seltsamen Geschehnisse mitzuerleben, über die sie gehört hatten. Auch Cúchulainn war dort. Als der Riese eintraf, war er außer sich vor Zorn.

„Männer von Ulster", sagte der Riese. „Ihr habt Mut und Tatkraft verloren. Eure Krieger wollen den Heldenanteil, aber sie wollen nicht darum kämpfen. Wo ist dieser elende törichte scheeläugige Cúchulainn? Ich wüsste gern, ob sein Wort mehr wert ist als das dieser anderen Helden."

„Ich will deine Herausforderung nicht annehmen", sagte Cúchulainn.

„Du elender Floh", sagte der Riese. „Ich glaube, du hast einfach Angst vor dem Tod."

Cúchualainn sprang auf, griff zur Axt und schlug dem Reisen mit solcher Kraft den Kopf ab, dass der zu den Dachbalken hochflog und das Haus erbeben ließ. Dann packte er den Kopf und zerschmetterte ihn mit der Axt. Der Riese erhob sich, suchte seinen Kopf zusammen, nahm Axt und Hauklotz und ging.

In der folgenden Nacht waren die Männer von Ulster gespannt, ob Cúchulainn sich aus der Verantwortung stehlen würde, denn sie sahen, dass er niedergeschlagen war, und sie hielten es für angebracht, sein Todeslied zu singen. Sie waren sicher, dass sein Leben nur noch bis zum Eintreffen des Riesen währen würde.

Dann sagte Cúchulainn zu Conor, um seine Schande zu verringern: „Nimm mein Schwert und meinen Schild und geh erst, wenn ich meinen Vertag mit dem Riesen erfüllt habe. Der Tod hängt über meinem Haupt und ich würde lieber in Ehren sterben."

Als es dunkel wurde, sahen sie den Riesen näherkommen.

„Wo ist Cúchulainn", fragte er.

„Ich bin hier, wo denn sonst."

„Deine Rede klingt heute Nacht niedergeschlagen, du elender Wurm", sagte der Riese. „Du hast Angst vor dem Tod. Aber so groß deine Angst vor dem Tod auch sein mag, du hast dich doch an unsere Abmachung gehalten."

Cúchulainn ging zu ihm und streckte den Hals über den Hauklotz, aber der war so breit, dass sein Hals nur die Hälfte bedeckte.

„Streck den Hals, du elender Wurm", sagte der Riese.

„Du quälst mich", sagte Cúchulainn. „Gewähre mir einen raschen Tod. Ich habe dich gestern nicht gequält. Ich schwöre, wenn du mich weiter quälst, habe ich wirklich Grund zur Klage."

„Ich kann deinen Kopf nicht abhacken, weil der Block so breit ist und dein Körper und Hals so kurz." (Cúchulainn wird nämlich immer als unterdurchschnittlich groß beschrieben).

Cúchulainn reckte den Hals und seinen ganzen Leib, sodass zwischen seinen Rippen der Fuß eines Kriegers Platz hatte, und sein Kopf reichte auf die andere Seite des Klotzes. Der Riese hob die Axt bis zu den Dachbalken. Das Ächzen der alten Tierhaut, die er trug, und das Zischen der Axt, als sie die Luft durchschnitt, klangen wie der Wind in den Bäumen in einer stürmischen Nacht. Die Axt senkte sich und hielt dann inne, mit umgedrehter Klinge, unmittelbar, ehe sie Cúchulainns Hals berührte.

„Steh auf, Cúchulainn", sagte der Riese. „Unter allen Kriegern von Ulster und Irland, so groß ihr Mut auch sein mag, kann keiner sich an Mut, Tatendrang und Ehre mit dir vergleichen. Hiermit verleihe ich dir den Titel König der Krieger Irlands und deiner Frau den Vortritt vor allen Frauen Ulsters. Wer immer sich jetzt noch gegen dich erhebt, das schwöre ich bei dem Eid, bei dem meine Leute schwören, wird ein kurzes Leben haben."

Und damit war der Riese verschwunden. Es war Cú Rói Mac Dáire, der auf diese Weise ein Versprechen erfüllte, das er Cúchulainn gegeben hatte.

Der Borama
(Die Tributzahlung)

Dass die Könige aus der Sippe der Uí Néill den Leuten aus Leinster die Zahlung eines Tributs auferlegten, zieht sich als roter Faden durch eine Serie von historischen und sagenhaften Ereignissen, die sich in einem Zeitraum von mehr als neunhundert Jahren abspielten. Die Hauptquellen sind das Book of Leinster und das Book of Lecan. Die angehängte Beschreibung der „Schlacht von Allen", in der „Der Kopf des Donn Bó" auftaucht, stammt aus dem Yellow Book of Lecan aus dem 14. Jahrhundert und gehört nicht zum eigentlichen Bórama aus dem 1. Jahrhundert.

Tuathal Techmar

Um die Mitte des ersten Jahrhundert AD erhoben sich die Vasallenstämme und töteten den Hochkönig Feradach Finn Fechtnach („der strahlend Wohlhabende) und seinen Sohn Fiacha Fionnfholaud („vom weißen Rind") und herrschten dann für dreißig Jahre. Feradachs Enkel war Tuathal Techmar, dessen Mutter die Tochter des Königs von Schottland war.
Tuathal wurde in Schottland geboren, wo seine Mutter nach dem Mord an ihrem Gatten Zuflucht bei ihrer Familie gesucht hatte, und verbrachte dort die ersten fünfundzwanzig Jahre seines Lebens. Er brachte aus Schottland oder England Unterstützung mit nach Irland - vermutlich Römer, s. u. -, um die Aufrührer zu besiegen und die Herrschaft seiner königlichen Sippe zurückzugeben. Bis es so weit war, focht er gegen Leinster, Ulster und Connacht jeweils fünfundzwanzig Schlachten aus und gegen Munster fünfunddreißig.
Nach Beendigung der Kämpfe veranstaltete Tuathal das Fest von Tara, wo er den Provinzkönigen den feierlichen Eid abnahm, dass bei allen Elementen sie und ihre Nachkommen „in alle Ewigkeit" nicht die Herrschaft über Irland gegen ihn oder seine Nachkommen anstreben würden. Einer seiner Nachkommen war Niall Naoigiallach („von den neun Geiseln"), denen die Uí Néill ihren Namen verdanken.

Eochaid Doimlén aus Ráth Imáil in der Nahe des Tales von Imail, der König von Leinster, besuchte das Fest, und ihm fehlte eine Frau. Tuathal Techmar hatte zwei Töchter in heiratsfähigem Alter: Fithir, die Pflegetochter des Königs Conrach von Connacht, und Dáirine, die Pflegetochter von König Fergus von Ulster. Während Blutsverwandte häufig umgebracht wurden, wenn jemand die Königswürde für sich erlangen wollte, war es verpönt, angeheiratete Verwandte zu ermorden, weshalb es ein klarer Vorteil für Tuathal und Eochaid wäre, wenn Eochaid einer von Tuathals Töchtern heiratete. Eochaid wäre Dáirine, die jüngere Schwester, lieber gewesen und er bat um ihre Hand.

„Ich hätte dich nur zu gern zum Schwiegersohn", sagte Tuathal, „aber es ist nicht richtig, dass die jüngere Tochter vor ihrer Schwester heiratet. Du kannst Fithir haben."

Also heiratete Eochaid Fithir und kehrte mit ihr zurück nach Ráth Imáil. Als seine Leute sie sahen, meinten sie, er hätte sich für Dáirine entscheiden sollen, die „schönere besser genährte und sittsamere Tochter", und er stimmte zu. Er schickte Tuathal Techmar eine Botschaft:

„Zu meinem Bedauern muss ich dir mitteilen, dass meine Gemahlin, deine Tochter Fithir, verstorben ist. Kann ich jetzt bitte Dáirine heiraten?"

Tuathal erwiderte: „Wenn ich einundfünfzig Töchter hätte, du bekämst sie alle, bis du mit einer einverstanden wärst." Und er schickte Dáirine zu Eochaid. Als Fithir begriff, dass sie durch ihre Schwester ersetzt werden sollte, starb sie angesichts dieser Schande. Als Dáirine sah, dass Fithir tot war, starb sie vor Kummer.

Der Tribut wird festgelegt

Schon bald erfuhr Tuathal, was wirklich passiert war. Er teilte Conrach und Connacht und Fergus von Ulster mit, dass ihre Pflegetöchter durch Eochaids Schuld ihr Leben verloren hätten. Conrach und Fergus riefen ihre Krieger zusammen und kamen nach Tara. Tuathal bat sie um Rat und beide antworteten, nur der Kampf gegen Leinster könne sie zufriedenstellen.

Insgesamt verfügten sie über zwölftausend Mann - einige sagen, es seien sogar zweiundzwanzigtausend gewesen. Leinster rief neuntausend zu den Waffen.

Die Eindringlinge griffen einige der größten Siedlungen und Sammlungsplätze von Leinster an und steckten sie in Brand: Naas, Dún Allen, Mullaghmast, Mullaghreelion und Báirc Bresail. Die letzte Schlacht fand bei Ráth Imáil statt, wo Eochaid um einen Kopf kürzer gemacht wurde. Tuathal setzte Eochaids Halbbruder Erc als König von Leinster ein und verlangte eine Tributzahlung als Wergeld oder Wiedergutmachung für den Tod seiner Töchter: jeweils fünftausend (manche sagen auch, fünfzehntausend) Kühe, Schweine, Schafe, Umhänge, Silberketten und Kupferkessel sollten jedes Jahr gezahlt werden. Ein Kupferkessel musste groß genug sein, um zwölf Schweine und zwölf Kühe aufzunehmen und dreißig rotohrige Kühe und ihre Kälber in mit Gold besetzten Halftern und Schlingen.

Die erste Tributzahlung wird auf das Jahr AD 90 datiert. Der Tribut wurde während der nächsten sechshundert Jahre, in denen die Saga spielt, und danach für weitere dreihundert Jahre von Leinster von mehr als vierzig Hochkönigen verlangt, was jedoch nicht immer erfolgreich verlief. Tuathal herrschte dreißig Jahre, seit AD 76, dann wurde er im Alter von „hundertzehn" (aber er war wohl eher um die sechzig) von Mael Mac Rochraide, dem König von Ulster und Tuathals Nachfolger, ermordet. Mail übernahm den Tribut. Tuathals Sohn Felim Rechtaidh (der „Gesetzeskundige") forderte ihn, als Cú Corb, der Gründer von Maelodráns Stamm, König von Leinster war, und er tötete Cú Corb. Außerdem brannte er mit Cú Corbs Gemahlin, Maeve von den Roten Sidhe, durch. Sie ist eine Königin-Göttin-Gestalt von Leinster und Tara, die „nicht gestattete, dass irgendein König in Temair (Tara) herrschte, „der nicht sie zur Gemahlin hatte". Felims Sohn, Conn Céadthatach („von den hundert Schlachten") holte ihn einmal ein, doch im zweiten Jahrhundert wurde Conn in der Schlacht von Maistiu (dem Fort bei Mallughmast im County Kildare) von Eochaid Mac Earca besiegt, der sieben Jahre als Hochkönig herrschte, bis er von Conn entthront wurde. Conns Schwiegersohn Conaire holte den Tribut, Art Mac Conn musste ihn erkämpfen.

Die Claenfherta von Tara
- Die rutschenden Berghänge von Tara -

Während der Herrschaft von Arts Sohn, Cormac Mac Airt, tötete Dunlaing Sohn des Enna Nia im Jahre 241 beim Hügel von Tara dreißig Prinzessinnen und ihre dreihundert Mägde. Diese Schandtat brachte den Berg an der Nordwestecke von Tara ins Rutschen. Cormac tötete zwei Häuptlinge aus Leinster und erhob als Entschädigung den Tribut.

Die Schlacht von Cnámhros („Knochenwald")

Cairbre Lifechar, der Sohn des Cormac Mac Airt, verlangte den Tribut von seinem Vetter Bresal Bélach. Bresal weigerte sich, zu zahlen, und rief die Männer von Leinster nach Ráth Imáil und bat sie um Rat. Sie rieten Bredal, sich an seinen Landsmann Fionn Mac Cumhaill und die Fianna um Hilfe zu wenden. Das tat Bresal und Fionn rief 45000 Krieger zusammen: fünfzehnhundert Anführer, von denen jeder über dreißig Männer befahl. Cairbre, der hoffnungslos in der Minderheit war, konnte den Tribut nicht einholen. Von seinen Männern wurden neuntausend getötet, darunter seine drei Söhne. Das ist vermutlich einer der Gründe für Cairbres späteren Angriff der Fianna in der Schlacht von Gabhra (Garristown, County Meath) im Jahre 284, die mit der Vernichtung der Fianna endete.

Während der beiden folgenden Jahrhunderte versuchten mehrere Hochkönige, den Tribut einzuholen, und zu denen, denen es nicht gelang, gehörte der große Niall von den neun Geiseln, der zwölf erfolglose Versuche unternahm. Dunlaings Sohn verweigerte achtundzwanzig Mal die Zahlung des Tributs, mit Hilfe der heiligen Brigid, die den Männern von Leinster zudem im Jahre 535 in der Schlacht von Finnabair und 722 in der Schlacht von Allen hilfreich beiseite stand (s. u.)

Die Schlacht von Áth Dara (458)

Laeghaire, der Sohn des Niall von den neun Geiseln und Hochkönig von 428-462, versprach seinem Vater, niemals um des christlichen Gottes willen die alten Götter Irlands aufzugeben. Eine der bekanntesten Legenden über St. Patrick erzählt, dass Laeghaire sich dem Christentum zugewandt habe, nachdem Patrick die Macht er Druiden herausgefordert hatte, indem er auf dem Hügel von Slane das Osterfeuer anzündete. Laeghaires Missgeschick in dieser Saga lässt vermuten, dass er ein heimlicher Heide blieb, falls er nicht als gläubiger Christ glaubte, ein heidnisches Gelöbnis ungestraft brechen zu dürfen.

Bresal Bélachs Enkel Enna Cinnselach („Der Streitsüchtige") war König von Leinster, als Laeghaire aus keinem ersichtlichen Grund, abgesehen davon, dass andere Hochkönige das vor ihm auch schon getan hatten, den Tribut forderte. In der Schlacht von Áth Dara oder Adare am Fluss Barrow wurde Laeghaire geschlagen und unter „Conns Hälfte" (Laeghaires Uí Néill-Truppen) fand ein blutiges Gemetzel statt, ihre Köpfe wurden eingesammelt und in Magh Ailbhe oder Moylavy am Ufer des Barrow wurde ein Cairn aus ihnen errichtet.

Laeghaire wurde gefangengenommen und durfte mit unversehrtem Kopf nach Hause zurückkehren, unter der Bedingung, dass er einen mächtigen heidnischen Eid ablegte - er schwor bei Sonne und Mond, Wasser und Luft, Tag und Nacht, Meer und Land - , niemals mehr einen Versuch zu unternehmen, den Tribut zu erlangen. Zwei Jahre darauf holte er sich in Leinster in der Nähe des Carbury Hill im County Kildare Vieh. Obwohl es sich bei dieser Aktion um einen „crech" oder geringfügigen Viehraub gehandelt zu haben scheint, statt um eine Einforderung des Tributs, wurde sie als Verstoß gegen seinen Eid betrachtet und er wurde verflucht, zwischen „Irland und Schottland" zu sterben: „Talam da shlucud ocus grian dá loscud ocus gaeth do dula uad. Die Erde soll ihn verschlingen, die Sonne ihn versengen, sein Atem soll ihm entfleuchen."

Laeghaire glaubte, dem Fluch ausweichen zu können, indem er niemals zwischen Irland und Schottland zur See fuhr. Im Jahre 462 marschierte er durch das Moor von Allen in Kildare zwischen zwei Hügeln, die die Oberfläche des Moores um fünfundsechzig und vierzig Fuß überragen. Diese Hügel, im

Nordosten von Rathangan gelegen, heißen heute Lullymore und Lullybeg, damals jedoch waren sie in der Gegend als Eire und Alba bekannt, die irischen Namen für Irland und Schottland. Laeghaire wurde vom Blitz getroffen, „etir inda chnoc i. Eiriu ocus Albu a n-amanda itaeb Chaise" - zwischen den beiden Hügeln, am Fuße des Cas, die Eire und Alba genannt werden." Der Fluss Cushalin, früher Cashalin, fließt in der Nähe vorbei.

Die Elemente Gottes, die er als Garantie beschworen hatte, belegten den König mit dem Todesurteil.

(Chronicum Scotorum)

Laeghaire ist am Hügel von Tara in Ráth Laeghaire stehend begraben, er schaut nach Süden nach Leinster. Die nächsten vierzig Schlachten um den Tribut wurden von Leinster zumeist gewonnen.

Die Schlacht von Findabair (535)

Die Annalen berichten, dass die Schlacht von Finnabair durch den Leichnam des König Ilrann von Leinster für die Uí Néill gewonnen wurde. Ilrann lebte hundertzwanzig Jahre, er starb vor dem Angriff der Uí Néill - verlässliche Quellen datieren seinen Tod auf 527 -, aber ihm war von der heiligen Brigid die „Gabe des Sieges" gewährt worden. Aufgrund der Überlegung, dass Brigids Gabe im Leichnam Ilanns noch vorhanden sei, trugen die Männer von Leinster diesen mit sich in die Schlacht.

Der Tod des Cummascach (595)

Aed Ainmire, Hochkönig von 568 bis 596, holte den Tribut zweimal ohne Kampf. Er bat den Heiligen Columcille, den Vetter seines Vaters, aus Schottland nach Irland zurückzukehren, um beim Treffen von Drum Ceb im Jahre 575 zwischen den Königen und den Dichtern zu vermitteln. Aeds Sohn Domnall war der Sieger der Schlacht von Moira im Jahre 637. Der Tod von Aeds Sohn Cummascach führte zum zentralen Ereignis der Bórama-Saga, der Schlacht am Pass von Dún Bolg im Jahre 596.

In Irland war es damals Sitte, dass die Gattinnen der lokalen Könige sich dem Hochkönig bei dessen Besuchen als Bettgesellin anboten. Eines Tages kündigte Cummascach an, dass er eine Rundreise durch Irland antreten wolle und davon ausginge, dass jede Königin im ganzen Land die Nacht mit ihm verbringen würde. Er brach auf und ließ Brandubh, dem König von Leinster mitteilen, er sei unterwegs. Wir erfahren nicht, was die anderen lokalen Könige und Königinnen von Cummascachs Wünschen hielten, aber Brandubh und seine Frau wollten nichts davon wissen. Brandubh ließ für den Besuch eine Herberge errichten und sagte seinen Leuten, sie sollten Cummascach bei seinem Eintreffen mitteilen, er, Brandubh, sei in Britannien, um Tributzahlungen einzuholen. Cummascach und sein Gefolge trafen ein und wurden in der Herberge untergebracht. Brandubhs Diener und Brandubh, der sich als Sklave verkleidet hatte, bereiteten für die Gäste ein Fest vor. Cummascach rief Brandubhs Gattin zu sich und sagte: „Gewähre mir eine Bitte." Sie wusste sehr gut, welche Bitte das war, und sagte: „Gewähre du mir zuerst eine Bitte. Warte, bis ich das Essen serviert habe, damit ich meinen guten Ruf als Gastgeberin behalten kann, und dann komme ich zu dir." Cummascach tat ihr den Gefallen und sie floh in das nahegelegene Haus des Buchet.

Der verkleidete Brandubh stand derweil am Kochkessel und verteilte Fleisch mit einer neuen dreizinkigen Gabel. Glasdam, Cummascachs Dichter, näherte sich dem Kessel, um als erster bedient zu werden, was sein Privileg war. Brandubh rammte die Gabel tief in den Kessel und holte neun Stücke Fleisch auf einmal heraus.

„Das ist nicht der Hieb eines Sklaven", sagte Glasdam. „Das ist der Hieb eines Königs." Dann schaute er Brandubh in die Augen. „Und das sind nicht die Augen eines Sklaven. Das sind die Augen eines Königs."

Glasdam ging zu der für die Besucher reservierten Herberge und informierte Cummascach über seinen Verdacht. Aber Brandubh und seine Männer verschlossen die Tür und steckten die vier Ecken des Hauses an.

„Wer hat dieses Haus angesteckt?", brüllte Cummascach.

„Ich, Brandubh."

Glasdam sagte: „Brandubh, du hast mir mit deiner eigenen Hand Essen gegeben. Es verstößt gegen die Regeln der Gastfreundschaft, wenn du mich umbringst."

Das traf zu, deshalb sagte Brandubh: „Glasdam, steig auf das Dach und spring herunter, und wir lassen dich gehen."

Es wird behauptet, Cummascach habe Glasdam befohlen, die Kleidung mit ihm zu tauschen, andere meinen, Glasdam habe es selbst so gewollt, aber jedenfalls sprang Cummascach in den Kleidern Glasdams über die Mauer. Er fiel zu Boden und verletzte sich, konnte aber Kirchenland in Kilranelagh (Cill Rannairech - Kirche des Almosengebers) erreichen, das nicht weit von Buchets Haus entfernt lag. Lóichin Lonn, der dort das Kommando führte, erkannte ihn und schlug ihm den Kopf ab. Er ging damit zu Brandubh und als Belohnung wurde Kilranelagh für immer von Steuerzahlungen befreit.

Brandubh schickte Boten zu Aed, um ihm diese Nachricht mitzuteilen. Aed sagte: „Ich habe es schon gehört. Ich lasse dich unversehrt abziehen, aber wenn wir dich verfolgen, wird die Sache anders aussehen." Die Boten kehrten zu Brandubh zurück und teilten ihm mit, Aed werde Leinster angreifen, um seinen Sohn zu rächen.

Die Schlacht vom Pass bei Dún Bolg (596)

Im folgenden Jahr rief Aed Ainmire seine Truppen zusammen und marschierte bis zum im Süden von Hollywood gelegenen Dunboyle in Wicklow ein. Aidan Mac Sedna, Aeds Halbbruder, war Bischof von Glendaloch und hatte die Jurisdiktion über Brandubhs Territorium unter sich. Brandubh bat Aidan, zu Aed zu gehen und um Waffenstillstand zu bitten, damit Leinster seine Krieger zusammenrufen könnte. Das tat Aidan und Aed erwiderte: „Ich gewähre nur Waffenstillstand, wenn du mit der Hand die drei Glieder an deinem Körper berührst, mit denen du Kinder machst."

Aidan, empört über diese Beleidigung, erwiderte: „Möge eine Wölfin die drei kostbarsten Glieder deines Körpers davontragen."

Aed und seine Armee marschierten zum Béalach Dúin Bolg (dem Pass von Dún Bolg), der wichtigsten Straße zu Brandubhs Festung Dún Bolg, und nahmen Aidan dabei mit. Der obere Teil dieser Festung mit drei Wällen heißt heute Brusselstown Ring. Die untere Mauer bedeckt hundertzweiunddreißig Hektar des Spinans Hill und ist damit die größte Hügelfestung Europas.

„Wie heißt diese Straße?", fragte Aed Aidan.

„Belach Dúin Bolg. Der Pass der Sackfestung."

„Was sind das denn für Säcke?"

„Die Proviantsäcke deiner Krieger, die sie heute Nacht hier zurücklassen werden, wenn sie aus der Schlacht mit Leinster fliehen."

Sie gingen weiter und kamen an einer Steinplatte vorbei.

„Wie heißt dieser graue Stein?", fragte Aed.

„Lic Chomairt Chnámh, oder Knochenbrecherstein."

„Und was sind das wohl für Knochen?"

„Der Stein heißt so, weil heute Abend deine Knochen darauf gebrochen werden und dein Kopf abgehackt wird."

Sie erreichten die steile Schlucht, die heute Hollywood Glen heißt.

„Wie mag der Name dieser Schlucht sein?"

„Berna na Sciath, die Schlucht der Schilde."

„Und was sind das für Schilde?"

„Die Schilde deiner Krieger, wenn sie sie fallen lassen, um heute Abend aus Leinster zu fliehen."

Aidan machte sich ganz offenbar über Aed lustig, aber er wollte wohl auch die Tatsache verbergen, dass der Teil der Straße, wo Aed und seine Armee gleich im Süden von Hollywood Glen ihn Kilbaylet, ihr Lager aufgeschlagen hatten, und die kleinen Bergfestungen, die als Vorposten oder „Schilde" auf den Hügelkämmen angelegt worden und von der Straße nicht zu sehen waren, sich jetzt hinter den Eindringlingen befanden.

Aidan ging zu Brandubh, um die Taktik für die bevorstehende Schlacht zu empfehlen: „Hol dir dreihundert Gespanne von jeweils zwölf Ochsen und legte auf jeden Ochsen zwei Kiepen. In jede davon versteckst du einen Krieger, und dann bedeckst du den Krieger mit Stroh und das Stroh mit Lebensmitteln. Hole hundertfünfzig ungezähmte Pferde und fülle Säcke mit Kieselsteinen, die ihnen an den Schwanz gebunden werden. Setze eine große Kerze in einen Kessel und lass damit das ganze Gefolge nach Anbruch der Dunkelheit zu Aeds Camp ziehen. Sag ihnen, dass du Aed den Tribut zahlen willst und dass das Fest ein Teil davon ist. Sag, dass du das Fest zu ihnen bringst. Da sie vielleicht nachdem, was du Cummascach angetan hast, kein Vertrauen zu deiner Gastfreundschaft haben.

Während diese Vorbereitungen getroffen wurden, stießen Brandubh und seine Söhne und seine Leibwache durch Zufall auf die jungen Söhne von Aeds Verbündeten aus Ulster, auf einem Hügel über Aeds Lager, und nahmen sie gefangen. Auch der Sohn des Königs von Ulster war dabei. Als die Männer von Ulster entdeckten, dass ihre Söhne nicht mehr da waren, gingen sie zu Brandubh.
„Warum hast du unsere jungen Knaben geholt?", fragte der König von Ulster.
„Um mich von deinen erwachsenen Kriegern zu befreien."
„Du wirst für immer von ihnen befreit werden", sagte der König.
Brandubh und die Männer von Ulster setzten sich auf den Hügel und schlossen einen Nichtangriffspakt. Deshalb wurde der Hügel später Sliabh in Choagh (Berg des Abkommens) genannt, heute heißt er Church Mountain. Brandubh schlug den Männern von Ulster vor, Aeds Armee zu verlassen.
„Wie sollte das möglich sein?"
„Schlagt euer Lager mitten in Aeds Lager auf. Seine Leute werden euch daran hindern wollen, es wird zum Kampf kommen und ihr werdet einen Grund haben zu gehen."
So geschah es und nach einem Scharmützel, bei dem zweihundert Männer getötet wurden, erhob sich Ulster und stellte klar, dass sie sich an der bevorstehenden Schlacht nicht beteiligen würden.
Aidan dagegen war immer noch wütend über die Beleidigung, die Aed ihm zugefügt hatte. „Wir wollen Waffenstillstand mit dir schließen."

Er hatte sich inzwischen genau ausgemalt, was die Wölfin mit einem von Aeds drei Gliedern anstellen würde, als er zu Brandubh kam und ihm folgende Rede hielt:
„Groß war die Schmach, die meiner Mutter Sohn, Aed Ainmire, mir angetan hat. Aed Ainmires Pflänzchen (lussán: = Penis) wird von einem Raben aufgelesen und nach Kilcullen gebracht werden. Der Rabe wird es auf den Dorfanger von Kilcullen fallen lassen und die Schuljungen werden es sieben Jahre lang als Fußball benutzen. Dann wird es in Kildare eine Schule geben und die Schüler dort werden es Stehlen und als Fußball benutzen. Es wird zu einem Weihwasserwedel gemacht werden und als solches weiter sieben Jahre benutzt werden. Dann wird Maedóc die Schule von Clomore in Kildare gründen und ein

Mann wird den Weihwasserwedel stehlen. Was danach daraus wird, weiß ich nicht."

Brandubh stieg auf sein Pferd und ritt zu einem Zweikampf los. Blathach, Aeds Leibwächter, der nie einem Speer warf, der sein Ziel verfehlt hätte, ritt auf Aeds Pferd Brandubh entgegen. Brandubh machte kurzen Prozess mit ihm und nahm seinen Kopf und Aeds Pferd als Trophäen. Aed sah, dass die Schlacht unmittelbar bevorstand, und sagte zu einem seiner Diener: „Reich mir die Kapuze des Columcille."

Aed hatte einst seinen Verwandten aus der Sippe der Ui Néill, den 593 verstorbenen Heiligen Columcille, um ein Geschenk gebeten, das ein Mann der Kirche einem Hochkönig machen könnte.

„Was hättest du denn gern für ein Geschenk?", fragte Columcille.

„Ich hätte gern ein Geschenk, das immer die Männer von Leinster besiegt, wenn ich gegen sie kämpfe."

„Das kann ich dir nicht geben", sagte Columcille. „Denn meine Mutter kam aus Leinster. Aber ich werde dir meine Kapuze geben, Wenn du die in der Schlacht trägst, wirst du darunter niemals getötet werden."

Und das ist der Grund, warum Aed seine Diener um die Kapuze bat. Der Diener sagte zu einem anderen Diener, „Gib uns die Kapuze des Columcille." Der andere Diener sagte: „Ich dachte, du hast sie." - „Nein, du solltest sie mitnehmen." Als Aed entdeckte, dass die Kapuze vergessen worden war, wusste er, dass er die Schlacht nicht überleben würde.

An diesem Abend wurde Aedans Plan in die Tat umgesetzt. Der Tross der Ochsenkarren mit den versteckten Kriegern, angeführt von der riesigen Kerze im Kessel, wurde von den Wachtposten vor Aeds Lager angehalten. Als sie erfuhren, dass die Männer aus Leinster Essen brachten, verließen sie ihren Posten, um beim Fest mitzufeiern. Sowie die Karren die Mitte des Lagers erreicht hatten, wurden die wilden Pferde mit den an ihre Schwänze gebundenen Säcken voller Steine losgejagt. Im ganzen Gewühl sprangen die Männer aus Leinster aus ihren Kiepen und griffen Aeds Krieger an und trieben sie auseinander. Aed wurde von Rón Cerr, dem Sohn des Königs von Imáil, auf dem Knochenbrecherstein getötet und enthauptet, wie Aidan es vorhergesagt hatte, und angeblich ist er auf dem Friedhof von Kilranlagh begraben. Seine Frau hat diese Klage für ihn geschrieben:

„Es gibt drei geliebte Seiten,
an denen ich nicht mehr sein werde:
die Seite von Tailtiu, die Seite von Tara -
am liebsten war mir die Seite des Aed."

Zum Lohn für seine List gab Brandubh Aidan die Gegend von Fearna Mór (Ferns) in County Wexford und setzte ihn als Bischof ein. Hundert Jahre später war dort der heilige Mo Laing Bischof. Im folgenden Jahrhundert holten sechs Könige den Tribut, darunter war auch Ed Ainmires Sohn Domnall. Als der Sohn des Bláthmac, dessen zwei andere Söhne von Maelodrán getötet wurden, versuchte, den Tribut zu holen, leistete Leinster erfolgreich Widerstand. Bláthmacs Sohn Fledhach („Schneeweiß und Festlich") herrschte von 275 bis 295. Er holt zweimal den Tribut, der dritte Versuch wurde vom heiligen Mo Laing vereitelt.

Wie Mo Laing zu seinem Namen kam

Seine Eltern waren ein Mann namens Fáelán und die Schwester von Fáeláns Frau. Seine Mutter versuchte, ihn bei seiner Geburt zu töten, aber er wurde von einer Taube und Engeln beschützt, und deshalb wurde er Tairchell getauft, das bedeutete, „Umgeben". Saint Brénainn entdeckte ihn und Brénainns Jünger Collanach, der ihn taufte und ihm den Namen gab, wurde zu seinem Pflegevater und zog ihn groß. Tairchells Lehrer war Victor, der Engel des heiligen Patrick.
Mit sechzehn Jahren war Tairchell eines Tages allein auf Bettelzug, um Essen für Brénainns Kloster zu besorgen. Sein einziger Schutz war Collanachs Krummstab, den er als Wanderstab nutzte. Er wurde vom Fúath Aingeda (dem „Bösen Geist") angesprochen, der von einer Frau, einem Diener, einem Hund und neun Gefolgsleuten begleitet wurde. Der Fùath sagte zu seinen Leuten: „Seit ich mich auf Straßenraub und Wegelagerei verlegt habe, habe ich niemals irgendwem Obdach oder Schutz gewähren wollen, außer diesem einsamen jungen Mann."
Der Fúath gegrüßte Tairchell freundlich: „Woher kommt Ihr, Meister Geistlicher, mit Euren Essensresten?"

Vielleicht aus Angst antwortete Tairchell auf aggressive, unchristliche Weise. „Woher kommst du, du dunkler angesengter Kobold, zu heldenhaften Kriegern?"

Fúath: „Es wird Gewalttätigkeit genug sein, wenn ich deine Essensbeutel zerstöre."

Tairchell: „Das werde ich aber nicht zulassen."

Fúath: „Ich werde diesen Speer durch seine Seite bohren."

Tairchell: „Ich werde dich mit dem Krummstab meines Herrn schlagen, der im Zweikampf noch niemals besiegt worden ist."

Fúath: „Es ist leichter, mit dir zu kämpfen als mit gekochtem Fleisch."

Tairchell: „Ich werde deine Haare wieder in die Löcher stopfen, aus denen sie gewachsen sind."

Fúath: „Mach dich für den Tod bereit. Wir werden dich jetzt töten."

Tairchell: „Gewähre mir eine Bitte."

Fúath: „Was erbittest du dir?"

Tairchell: „Ganz einfach. Lass mich drei Schritte auf meinen Gott zu machen."

Fúath: „Das sei dir gewährt, denn uns wirst du nie entkommen. Wir sind so schnell wie die wilden Tiere und unser Hund ist so schnell wie der Wind."

Nach seinem ersten Schritt, der ein Sprung hin zur Sicherheit im Kloster war, sah Tairchell für sie nicht größer aus als eine Krähe auf einem Hügel. Nach dem zweiten Sprung konnten sie ihn überhaupt nicht mehr sehen. Mit dem dritten Sprung landete er auf der Klostermauer. Als er seinem Pflegevater von seinem Abenteuer erzählte, sagte Collanach: „Von nun an wirst du wegen deiner Sprünge Mo Laing genannt werden."(ro-lingis).

Timolin (das Haus des Mo Laing) im County Kildare trägt seinen Namen, und die Ruinen seines Klosters, Saint Mullins, sind am Ufer des Barrow im County Carlow zu sehen. Mo Laing war eine Zeitlang Bischof von Glendalough und Bischof von Ferns von 691 bis 697.

Mo Laing spielt Fianachta einen Streich:
die Aufhebung des Tributs (693)

Bran Mut, der Enkel von Sankt Kevins Pflegesohn Fáelán und Stammvater der O'Byrnes und O'Tooles von Wicklow, war König von Leinster, als Fianachta versuchte, zum dritten Mal den Tribut einzuholen. Bran und die Häuptlinge von Leinster baten Mo Laing um Hilfe. Mo Laing seinerseits fragte die alten Männer und Weisen von Leinster, ob es irgendeine Weissagung über die Aufhebung des Tributs gebe.
„Die gibt es in der Tat", war die Antwort. „Ein Geistlicher wird ihn aufheben."
„Wer weiß", sagte Mo Laing, „ob ich das nicht tun werde, und warum sollte ich nicht um die Aufhebung bitten?"
Und also begab er sich zu Fianachta.
„Für welchen Zeitraum bittest du um Aufschub?", fragte Fianachta.
„Um ein Jahr", sagte Mo Laing.
„Unmöglich", sagte Fianachta.
„Ein halbes Jahr."
„Nein."
„Ein Vierteljahr."
„Nein."
„Wirst du denn wenigstens bis zum Lá an Luain Aufschub geben?"
„Das soll geschehen", sagte Fianachta in dem Glauben, Mo Laing meine den folgenden Montag. Sofort ließ Mo Laing ihn dieses Versprechen auf die Heilige Dreifaltigkeit und die Vier Evangelien ablegen.
Finnachta hatte nicht gut genug aufgepasst. Der Montag heißt auf Irisch Luain oder Dé Luain. Die irische Bezeichnung für den Tag des Jüngsten Gerichts ist Lá an Luain, wörtlich, der Tag des Montags. Dieser Ausdruck stammt von der irischen Annahme, dass das Ende der Welt an einem Sonntag stattfinden wird, worauf dann am Tag darauf das Jüngste Gericht folgt.
Mo Laing musste um sein Leben rennen, als Fianachta klargemacht wurde, dass er soeben für alle Zeit auf den Tribut verzichtet hatte, aber er betete zur heiligen Brigid: „Segne unseren Weg, auf dass uns auf unserer Reise kein Unheil ereilt ... mögen wir unversehrt zu Hause eintreffen", und die anderen Heiligen ließen einen Nebel kommen, der ihn verbarg, bis er der Reichweite von

Fianachtas Kriegern entzogen war. Aber die Männer von Leinster nahmen Fianachta beim Wort - Mo Laing hatte ihm den Himmel versprochen, wenn er es hielte - und das, so heißt es in der Bórama-Geschichte, setzte der Sache mit dem Tribut ein Ende. Mo Laing verfluchte den König, weil der ihn verfolgt hatte, aber als Fianachta kurz darauf in einer Schlacht fiel, verfasste Mo Laing diesen Nachruf:
„Wie traurig für Fianachta, heute in einem Bett aus Blut zu liegen. Möge er zu den Männern des Himmels gelangen, weil er dem Tribut entsagt hat."
Da ist das Ende der eigentlichen Geschichte, aber es gibt noch ein Nachspiel.

Die Schreiber der Uí Néill, zu denen auch Sankt Adamnan gehörte, Fianachtas lebenslanger Freund, der den Aufschub nicht gewähren wollte, schrieben, dass der große St. Mo Laing den Aufschub des Tributs durch einen Trick bewirkt habe, der eines Heiligen absolut unwürdig war, weshalb viele spätere Könige aus dem Haus der Uí Néill erneut versuchten, den Männer von Leinster den Tribut abzuringen.

Die Schlacht von Allen (11. Dezember 722)

Murchad, der Sohn des Brian Mut, war König von Leinster. Fianachtas Nachfolger, Lingsech Sohn des Aengus (695- 704) und Conal, Sohn des Cennmaghir (704 - 710), hatten versucht, den Tribut zu erlangen, waren damit aber gescheitert. Fergal, Sohn des Mael Dún, Hochkönig von 710 bis 722, fand das unerträglich und zog in der nördlichen Hälfte Irlands „eine überaus große und unbesiegbare Armee" zusammen, um sich auf eine Invasion von Leinster vorzubereiten. Nicht die gesamte Nordhälfte folgte seinem Ruf. Ulster glänzte durch Abwesenheit, vermutlich wegen des mit Brandubh eingegangenen Nichtangriffspaktes. Und vielleicht waren sie auch entmutigt durch zwei kürzliche Niederlagen, weshalb die, die eingezogen wurden, auch nicht gerade begeistert wirkten. Jeder Krieger, der einen Marschbefehl erhielt, stellte eine scheinbar unmögliche Bedingung: „Ich gehe, wenn Donn Bó mitkommt."
Donn Bó war der Sohn einer Witwe aus Fera-Ross (in der Nähe von Carrickmacross im County Monaghan) und verließ das Haus seiner Mutter

niemals für einen Tag oder eine Nacht, und in ganz Irland gab es keinen Mann mit lieblicherem Gesicht oder besserer Figur, Gestalt und Erscheinung als ihn, in ganz Irland war niemand angenehmer oder unterhaltsamer, und nirgendwo auf der Welt gab es jemanden, der lustigere oder heldenhaftere Geschichten erzählen konnte als er. Er war der Beste, wenn Pferde angeschirrt, Speere gerichtet oder wenn Haare geflochten werden sollten, und er war ein Mann von großer Intelligenz, von dem es hieß:

> „Der Holdeste der Söhne war Donn Bó,
> süß waren die Verse seines Mundes.
> Der Edelste Jüngling Irlands,
> alle wurden von seiner Fackel erhellt."

Seine Mutter wollte Donn Bó nicht erlauben, mit Fergal zu ziehen, bis Mal-Mic-Failbhe, ein Abt und Sohn des Erannan Sohn des Coromhtann und Nachfolger des Columcille, für seine unversehrte Rückkehr garantierte, und bis er seiner Mutter versprach, Donn Bó würde unversehrt aus der Provinz Leinster in sein Haus zurückkehren.

Die Armeen sammelten sich beim Hügel von Allen im County Kildare. Fergal hatte einundzwanzigtausend, ihnen gegenüber standen neuntausend aus Leinster. Ein scheußlicher Zwischenfall wird berichtet, bei dem Krieger der Uí Néill einen Aussätzigen misshandelten, vor seinen Augen seine einzige Kuh schlachteten und brieten und sein Haus ansteckten. Er beschwerte sich bei den Königen aus dem Norden, aber „keiner öffnete ihm sein Herz", mit der Ausnahme eines Königssohnes, dessen Leben später verschont wurde.

Dann sprach Fergal zu Donn Bó: „Bring uns Unterhaltung, Donn Bó, du bist doch der beste Musiker in Irland, was Sackpfeifen und Lure und Harfe angeht, und niemand erzählt sogar die Gedichte und Sagen und Königsgeschichten von Erin wie du, denn morgen früh müssen wir gegen die Männer aus Leinster kämpfen."
„Nein", sagte Donn Bó. „Ich kann euch heute Nacht nicht unterhalten und ich werde keine meiner Künste vorführen, aber wo immer ihr morgen sein werdet, wenn ich dann noch lebe, werde ich euch unterhalten."

Dann wurde der Spaßmacher des Königs, Ua Maighleine, gerufen, um den Gastgeber zu unterhalten, und er schilderte die Schlachten und Heldentaten beider Seiten für die vergangenen tausend Jahre bis zurück zum Brand von Dinn Ríg.

In der Schlacht wurden am folgenden Tag auf beiden Seiten bis auf siebentausend alle getötet, auch Fergal, und „neun flogen in die Luft wie gefiedertes Getier und retteten auf diese Weise ihr Leben", wie es in den Annalen von Clonmacnoise heißt. Donn Bó fiel, als er vergeblich versuchte, Fergal zu beschützen. Neuntausend Männern aus dem Norden und hundert von ihren Königen wurden getötet, und hundertachtzig starben nach der Schlacht an Kälte und Krankheiten. Wir wissen nichts über die Verluste von Leinster, weshalb wir annehmen können, dass dieser Bericht aus Leinster stammt. Als der heilige Columcille, der Schutzpatron des Nordens, die Schutzpatronin von Leinster, die heilige Brigid, über der Armee von Leinster schweben sah, zog er seinen Schutz zurück. Leinster trug den Sieg davon. Sie nahmen Fergals Spaßmacher, Ua Maighleine, gefangen und befahlen ihm, einen Narrenruf auszustoßen, und das tat er.

Laut und melodisch war dieser Ruf, und seither haben die Spaßmacher Erins Ua Maighleines Ruf beibehalten.

Fergal wurde der Kopf abgeschlagen und dem Spaßmacher wurde der Kopf abgeschlagen. Der Widerhall seines Rufes hing noch drei Tage und drei Nächte in der Luft. Seither gibt es die Redensart, dass „der Ruf Ua Maighleines die Männer in das Moor jagt".

In dieser Nacht feierten die Männer aus Leinster ihren Sieg mit einem Festgelage. Murchad versprach dem eine Belohnung, der auf das Schlachtfeld gehen würde, um ein Andenken zu holen. Baethgalach, ein Held aus Munster, nahm das Angebot an. Als er den Teil des Schlachtfeldes erreicht, wo Fergals Leichnam lag, hörte nur er eine Stimme vom Himmel über sich:

„Ihr Dichter und Musiker des Nordens, hört den Befehl des Königs der sieben Himmel, liefert heute Abend Unterhaltung für euren Herrn, Fergal, den Sohn des Mael Dúin. Lasst euch weder durch Furcht noch durch Tod davon abhalten, Musik für Fergal zu machen."

Und nun legten alle los, die Dichter und Sackpfeifer und Lurenbläser und Harfner, die Toten und die Sterbenden, und niemals war schönere Musik gehört worden. Dann hörte Baethgalach ein klagendes Lied, einen unirdischen Gesang, der süßer war als alle anderen dieser Welt. Er folgte dem Klang der Melodie zu der Stelle, wo sie von einem Busch aufstieg. Er zog die Zweige auseinander und sah, dass das Lied aus dem Mund eines abgehackten Kopfes kam,

„Komm nicht in meine Nähe", sagte der Kopf.

„Wer bist du?", fragte Baethgalach.

„Ich bin der Kopf des Donn Bó. Gestern Abend habe ich Fergal versprochen, ihn heute Abend zu unterhalten. Also lass mich in Ruhe."

„Wo ist Fergal?", fragte Baethgalach.

„Er ist dieser leuchtende Leichnam auf meiner anderen Seite", sagte der Kopf.

„Wen soll ich denn mitnehmen, dich oder Fergal? Ich würde lieber dich nehmen."

„Nimm mich", sagte der Kopf des Donn Bó. „Aber wenn du das tust, dann segne dich Gott, wenn du mich zu meinem Körper bringst."

Baethgalach nahm den Kopf mit zu den Männern von Leinster.

„Hast du uns ein Andenken mitgebracht?", fragte Murchad.

„Das habe ich", sagte Baethgalach. „Den Kopf des Donn Bó."

„Stell ihn auf den Pfosten da", sagte Murchad und die Männer von Leinster erkannten Donn Bó.

„Unterhalte uns heute Abend", sagten sie. „Wie du gestern abend Fergal unterhalten hast."

„Ich habe Fergal gestern abend nicht unterhalten, als er mich darum gebeten hat, aber ich habe versprochen, das heute abend zu tun", sagte der Kopf. „Ich werde nur singen, wenn ihr mich zur Wand umdreht, denn ich singe für Fergal, nicht für euch."

Sie drehten Donn Bós Kopf zur Wand um und der Kopf sang so süß und traurig, dass alle Anwesenden in Tränen und Klagen ausbrachen. Dann brachte Baethgalach den Kopf zurück zu seinem Körper und setzte ihn auf den Hals und Donn Bó kehrte ins Leben zurück.

Die drei Wunder dieser Schlacht waren: dass Donn Bó lebendig nach Hause zurückkehrte, wie Columcille es versprochen hatte, und der Ruf des Ua Maighleine, der noch drei Tage und drei Nächte in der Luft hing, und die neuntausend, die die einundzwanzigtausend besiegten.

Donn Bó wurde im Jahre 740 König von Fera-Ross und starb 759. Fergals Sohn Aed marschierte 739 in Leinster ein und focht 742 in Kells eine Schlacht gegen Murchads Sohn Domnall aus, der den Sieg errang. Wir wissen nicht, ob diese Ereignisse etwas mit dem Tribut zu tun hatten.

Brian Boru

Brian, Sohn des Cinneidigh, wird meistens Brian Boru genannt (Bóirmhe auf Irisch), oder Brian vom Tribut. Zu den Tributen, die er forderte, gehörte abermals der Viehtribut, den er im frühen 11. Jahrhundert Leinster auferlegte, da sein Schwager, Maelmhórdha, König von Leinster, den Wikingern beistand. Das führte zu gesteigerter nordischer Aktivität, die Folge waren die Schlacht von Clontarf, 1014, und Brians Tod.

Die Saga von Maelodrán

Maelodrán Ua Dimmae Cróin, ein Fürst und Heldenkrieger der Dál Messin Corb, wurde zu Beginn des siebten Jahrhunderts geboren, ungefähr zum dem Zeitpunkt, an dem sein entfernter Verwandter, der heilige Kevin von Glendalough, starb. Die Dál Messin Corb, die von einem Sohn des Cú Corb abstammten, beherrschten das reiche Weideland von West Wicklow und das Grenzland von Naas im County Kildare bis zum Tal von Imaal bei Baltinglass, sowie das Königreich Leinster. Im fünften Jahrhundert wurden sie von den Uí Máil vertrieben, denen das Tal von Imaal seinen Namen verdankt. Maelodrán gilt als heroischer Rächer, der sich für den Sturz seiner Sippe rächen will.

Nur zwei Geschichten aus dieser aus dem neunten oder zehnten Jahrhundert stammenden Saga haben überlebt: „Der tragische Tod der Söhne des Diarmuid Mac Cerbaill" und „Der tragische Tod des Maelodrán". Beide sind im Manuskript Rawlington B 502 aus dem 13. Jahrhundert und in späteren Manuskripten erhalten. Die Annalen, die meisten zuverlässig sind, berichten, dass Dunchadh und Conall, die Söhne von Bláthmac Sohn des Aed Sláine Sohn des Diarmuid Mac Cerbaill, im Jahre 651 AD von Maelodrán getötet wurden. Bláthmac und sein Bruder Diarmuid Ruanaid, Angehörige der mächtigen Sippe der Uí Néill, waren von 642 bis 664 gemeinsam Hochkönig. Ihr Neffe Fianachta Fledhach („Der Festliche") war der Hochkönig, den Mo Laing zum Verzicht auf den Tribut brachte.

In der ersten Geschichte macht die Saga, vermutlich um den dramatischen Effekt zu steigern, aus Dunchadh und Conall die Söhne ihres berühmten Urgroßvaters Diarmuid MacCerbaill, dessen Streit mit dem heiligen Rúdán dazu führte, dass im sechsten Jahrhundert Tara verflucht und verlassen wurde. Zudem ist Diarmuid die Hauptperson in einem Zyklus historischer Erzählungen. Der zweite Teil der ersten Geschichte, in dem Maelodrán Diarmuid überredet, ihm zu verzeihen, gilt als pure Fiktion und Wandersage.

Der tragische Tod der Söhne des Diarmuid Mac Cerbaill

Dunachdh und Conall, die Söhne des Hochkönigs Diarmuid Mac Cerbaill aus der Uí Néill-Linie, begaben sich mit einer Handvoll anderer junger Krieger nach Leinster, um ein „Crech" auszuführen. Ein Crech war ein Viehdiebstahl, eine Art Sport, bei dem junge Männer ihre Kampfkraft testeten, ihren Mut zur Schau stellten, und, falls sie überlebten, einen netten Profit aus dem für das Vieh gezahlten Lösegeld ziehen konnten. Aber für die Söhne des Hochkönigs war es überaus gefährlich, oder zumindest töricht, sich ohne eine Armee nach Leinster zu wagen. Es herrschte aus mehreren Gründen böses Blut zwischen Leinster und den Uí Néill, nicht zuletzt, weil Nordleinster einige Jahrhunderte zuvor von den Uí Néill erobert und der königlichen Provinz Meath eingegliedert worden war

Die Fehde um den Viehtribut und die noch nicht lange zurückliegende Schlacht am Pass von Dún Bolg im Jahre 596, bei der Aed Ainmíre, ein Hochkönig aus der Sippe der Uí Néill, von den Kriegern aus Leinster getötet worden war, waren weitere Gründe.

Dunchadh und Conall und ihre Gefährten stießen auf Maelodrán, der zufällig allein war und sich zu Fuß ein Stück von seinem Pferd Dubhglais entfernt aufhielt, während das Pferd sich in der Obhut seines Pferdeknechtes Deóraid befand. Vielleicht glaubten sie, sich mit Ruhm überhäufen zu können, wenn sie den Helden aus Leinster töteten, während er im Nachteil war, jedenfalls griffen sie unverzüglich an, ohne die ritterlichen Spielregeln zu beachten und ihm Zeit zu lassen, sich auf den Kampf vorzubereiten und sich in den Sattel zu schwingen. Deórad kam ums Leben, als er auf Dubhglais durch die Feinde zu Maelodrán reiten wollte. Maelodrán rief das Pferd zu sich und sowie er im Sattel saß, konnte er sich gegen seine Angreifer behaupten.

Er jagte die Angreifer auseinander und verfolgte Dunchadh und Conall nach Westmeath, wo sie in einer zehn Kilometer von Mullingar entfernten Wassermühle Zuflucht suchten. Sie stiegen in den Abflusskanal und versteckten sich beim Schacht im Unterbau neben dem Wasserrad. Die Mühle war ein niedriges Steinhaus mit dicken Mauern und einem vertikalen Schacht, in dem eine Antriebswelle von einem horizontalen Rad mit Holzschaufeln angetrieben wurde. Wenn das Abflusstor geöffnet war, konnte das Wasser durch den Abfluss in den Mühlteich fließen. Wenn die Mühle in Betrieb war, wurde aller Platz im Unterbau von dem schnell strömenden Wasser und dem sich drehenden Rad eingenommen. Es war wie ein archaischer Küchenmixer. Wer sich bei geöffnetem Abflusstor im Unterbau befand, wurde zerhackt, zerstampft und ertränkt.

Maelodrán befahl der alten Müllerin, das Abflusstor zu öffnen. Sie sagte: „Aber diese jungen Männer kommen ums Leben, wenn das Wasser das Rad in Bewegung setzt." Maelodrán befahl ihr, trotzdem weiterzumahlen. Das tat sie, und der zeitgenössische Dichter Ultán beschreibt, wie es weiterging:

„Rotes Mehl mahlen die Mühlsteine. Königssöhne liefern die Ähren
für des Maelodrán Mühle."

Der Vater der Jungen, Diarmuid, war verständlicherweise erbost. Er teilte den Männern aus Leinster mit, dass sie seine Rache nicht zu fürchten brauchten, wenn sie ihm Maelodrán auslieferten. Sie erwiderten, da wollten sie doch lieber sterben.

Maelodrán sagte nun, die Männer aus Leinster könnten ganz unbesorgt sein, denn er werde Diarmuid aufsuchen und sich ergeben. Der König hatte seine Krieger bei seiner neuen Inselfestung versammelt, dem Crannóg in Lagore in der Nähe von Dunshaughlin im County Meath. Maelodrán begab sich zum See und sah, wie die Boote kamen und gingen, während Diarmuid sich im Crannóg aufhielt. Als nach Einbruch der Dunkelheit alles ruhig geworden war, nahm Maelodrán ein Boot und fuhr über das Wasser zum Crannóg, um dann am Festungstor zu warten.

Bald kam Diarmuid heraus, um „die Knie zu beugen" oder „allein zu sitzen", wie es in den Manuskripten taktvoll heißt. Er sah, dass jemand in der Nähe stand, konnte ihn im Dunkeln jedoch nicht erkennen. Vielleicht war er im Halbschlaf oder halb betrunken oder beides, jedenfalls hielt er ihn für einen seiner Diener. „Hier, halt mein Schwert und pflück mir eine Handvoll Blätter", sagte Diarmuid. Maelodrán nahm das Schwert und reichte Diarmuid eine Handvoll Nesseln und Disteln.

„Ich bin verbrannt, ich bin verletzt, ich bin verwundet", rief Diarmuid, nachdem er sich mit Nesseln und Disteln abgewischt hatte. „Wer das tat, war kein Freund. Wer bist du?"

„Maelodrán Ua Dimmae Cróin, der Mann, der kürzlich deine Söhne getötet hat und der dir jetzt den Kopf abhacken wird."

Maelodrán packte Diarmuid an den Haaren und hielt ihm Diarmuids eigenes Schwert an die Kehle.

„Ich bin in deiner Gewalt", sagte Diarmuid.

„Das bist du in der Tat", sagte Maelodrán. „Gehen wir ins Haus und reden wir."

Sie gingen ins Haus und Diarmuid erzählte seiner Frau Mumain, was passiert war.

„Wer das Leben dessen verschont, den er verletzt hat, ist ein guter Krieger", sagt sie, ohne eine Miene zu verziehen. „Wir werden ihn belohnen, indem alle unsere Krieger schwören müssen, ihn zu schützen."

So geschah es. Maelodrán kehrte zurück nach Leinster, mit feiner Kleidung, einer Brosche und zwei Pferden mit goldenem Zaum, die Diarmuid ihm geschenkt hatte. Von nun an kämpfte er an Diarmuids Seite gegen die Uí Máil.

Der tragische Tod des Maelodrán

Maelodrán lebte in der Nachbarschaft der Uí Máil, vermutlich in der Nähe ihres nördlichen Vorpostens bei dem dreifachen Erdfort, das Ring of Silagh genannt wird und sechs Kilometer im Südosten von Naas im County Kildare liegt. „Und diese Nachbarschaft war nicht gut für sie." Er stand in dem beängstigenden Ruf, die Krieger seiner Nachbarn zu erschlagen, und er prahlte gern und erinnerte seine Feinde daran, wie er die Söhne des Diarmuid getötet hatte.

> „Die Uí Máil sind das Mehl
> und ich bin die Mühle
> die sie alle willkommen heißt,
> zu ihrem Ende."

Obwohl Ehen zwischen den Sippen nicht ungewöhnlich waren, überrascht es doch, dass Maelodrán mit der Tochter von Aithcheda, dem König der Ùi Máil, verheiratet war. Was jedoch nicht überrascht, ist, dass ihr Vater eines Tages, als Maelodráns Frau ihre kranke Mutter besuchte, sie bat, ihm und seinen Söhnen zu helfen, Maelodrán zu töten. Die pflichtbewusste Tochter ging mit einem für eine Gattin eher untypischen Enthusiasmus auf diesen Plan ein.

„Na gut", sagte sie. „Ich weiß nicht, in welcher unserer drei Hütten wir die Nacht verbringen werden. Füllt ihr meine Tasche mit Fuchsfeuer (leuchtendem verfaulten Holz) - ich werde Maelodrán sagen, das seien nur meine Kleider, und ich werde auf dem Weg zur Hütte hinter ihm gehen und das Holz fallen lassen. Auf diese Weise könnt ihr uns folgen."

Aithechta und seine Söhne folgten ihrer Spur zu der Hütte, in der Maelodrán und seine Frau sich aufhielten, und umstellten diese.

„Maelodrán, bist du da drin?", riefen die Brüder.

„Das bin ich", antwortete Maelodrán. „Tut eurer Schwester nichts. Ich schicke sie zu euch hinaus."

„Sie wird uns willkommen sein", sagten die Brüder.

Maelodrán nahm die Kopfbedeckung seiner Frau und setzte sie auf, und in dieser Verkleidung ging er aus der Hütte und vorbei an ihrem Vater und den Brüdern. Sie stürzten hinein und töteten die Frau, weil sie sie für Maelodrán hielten.

„Jetzt siehst du, was du angerichtet hast", verspottete dieser Aithechda, als sie herauskamen. „Meinetwegen hast du deine Tochter umgebracht."

Dann griff Maelodrán Aithechdas Söhne an und tötete sie.

Maelodrán heiratete eine andere Frau und versöhnte sich mit Aithechda. Eines Nachts jedoch war er in Aithechdas Haus zu Gast, und während er ein Bad nahm, beschloss Aithechda, ihn umzubringen. Maelodráns Diener, Dubchróin, war gerade nicht in der Nähe. Einer von Aithechdas Dienern nahm eine Pfanne voller heißer Kohlen aus dem Feuer und warf sie Maelodrán ins Gesicht. Dann durchbohrte Aithechda Maelodrán mit dessen eigenen Speer und tötete ihn. Er hieb ihm den Kopf ab, legte Rumpf und Kopf auf ein Bett und bedeckte den Kopf mit einem Umhang.

Dubchróin kam auf Maelodráns Pferd Dubhglais angeritten.

„Komm rein", sagten alle. „Nichts da", sagte Dubchróin. „Wo ist Maelodrán?"

„Der schläft. Pst! Weck ihn ja nicht auf. Steig ab und komm ins Haus."

„Ich glaube nicht, dass er schläft, so lange ich nicht da bin, um über ihm zu wachen", sagte Dubchróin. „Nehmt ihm diesen Umhang vom Gesicht."
Sie entfernten den Umhang.
„Also, Maelodrán", sagte Dubchróin. „Es stimmt." Und dann sprach er:
„Das Gesicht ist bleich vom Spiel der Schwerter,
viele Hände haben
den Kopf des Maelodrán herumgereicht."
Aithechda vermählte sich mit Maelodráns Witwe. Ein Jahr nach dem Tod des Maelodrán lag Aitechhda auf dem Rücken im Bett und sah zum Speer von Belach Durgein hoch, der oben in seinem Gestell hing.
„Heute ist es genau ein Jahr her, dass ich Maelodrán mit diesem Speer getötet habe", sagte er zu seiner Frau.

„Oh weh", sagte die Frau. „Sag sowas nicht. Wenn irgendwer in Irland von den Toten zurückkehren könnte, um sich zu rächen, dann Maelodrán."
Plötzlich sahen sie, wie Maelodrán sich dem Speer näherte.
„Da ist er", sagte die Frau.
Aithechda sprang auf und wollte den Speer ergreifen, aber Maelodrán war schneller, er durchbohrte Aithechda damit und tötete ihn. Als er sich zum Gehen umdrehte, sagte er. „Es war nicht richtig von dir, dich mit dem Tod eines anderen zu brüsten, Aithechda."
Maelodrán ist angeblich auf dem Friedhof von Reefert in Glendaloch begaben (Ri Ferta = „Königlicher Friedhof"), den sein Verwandter, der heilige Kevin, als Ruhestätte für die Könige von Wicklow eingerichtet hatte.

Der Speer des Maelodrán und der Speer von Belach Durgein

Aithechda tötete Maelodrán mit dessen eigenem Speer. Maelodráns Geist nahm den Speer des Belach Durgein, den Aithechda soeben als Maelodráns Speer bezeichnet hatte, um Aithechda zu töten. Dieser scheinbare Widerspruch hat für Verwirrung gesorgt und es gibt viele Theorien darüber, wo der Speer wohl aufbewahrt wurde, aber niemand scheint an seine wirkliche Existenz geglaubt oder gefragt zu haben, was dieser Speer war. Ich glaube, ich habe die Lösung gefunden.

Erstens, wer war Durgein, und warum wurde die Straße (belach) nach ihr benannt?

Durgein war die Tochter von Luath Sohn des Lomglúinech und der Herccad Tochter des Trescu. Herccad hatte eine Liebschaft mit einem Sklaven und Durgein kam ihr auf die Schliche und erzählte es ihrem Vater. Herccad überredete ihren Verwandten Indech, Sohn des Dea Domnann, sich mit Durgein auf der Belach Dá Bend (der Straße der beiden Gipfel, der ursprüngliche Name von Belach Durgein) zu treffen, um Rache an ihr zu nehmen. Indech versuchte, Durgein zu verführen, aber sie wies ihn nicht nur zurück, sie griff zu den Waffen. Worauf Indech sie tötete, aber vorher hatte sie ihm fünfzig Wunden verpasst. Die Straße trägt ihren Namen nach Durgens Leben und vor allem ihrem Tod, der etwa um 1800 v. Chr eintrat.

Wo liegt Belach Durgein?

„Durgein" als Ortsname existiert seit mindestens fünf Jahrhunderten nicht mehr. Er tritt in Landlisten des 12. Jahrhunderts dreimal als Flurname auf: beim nördlichsten Sitz der Uí Máil sechs Kilometer im Südosten von Naas, County Kildare, an einem nicht identifizierten Ort vermutlich bei ihrem südlichsten Sitz im Tal von Imaal, und als „Derigin" bei Glenmalure. Wir können also davon ausgehen, dass diese „Durgeins" eine Straße bezeichnen, die die beiden Machtzentren der Uí Máil miteinander verband - die zwei „Gipfel" aus dem ursprünglichen Namen der Straße, Belach Dá Bend, die sich im Osten bis Glanmalure hinzog. Alte Straßen verschwinden nur selten ganz und gar, und moderne Straßen zwischen den beiden „Gipfeln" folgen vermutlich der alten Belach Durgein.

Was ist der Speer von Belach Durgein?

Er konnte dreißig Trupps (siebenhundert Krieger) mit seiner Spitze und der Vorderkante töten und wenn er auf den Boden fiel, denn er lag mit einer Gabel unter dem Hals auf der Straße. Und immer, wenn jemand vorbei kam, ohne eine Gabe zurückzulassen, bewegte ein Dämon den Speer, und der schnellte hervor und metzelte alle nieder. Der Stehende Stein von Punchestown auf dem Gelände des Punchestown Race Course im Südosten von Naas ist der höchste Stein seiner Art in Irland. Er wiegt neun Tonnen und misst sechseinhalb Meter vom Boden bis zur höchsten Spitze.
Natürlich könnte er töten, wenn er zu Boden fiele, aber steht er an der richtigen Stelle?
Wo ist der „Hüte-Ort" des Speeres von Belach Durgein?
Dem topographischen Gedicht Dindsenchas zufolge:
Cúldub Mac Dein kam an einem Vorabend des Ersten November aus dem Süden und tötete Fidraid Dáime Duibe, nach dem der Hügel Ard Fidraid heißt. Er wurde verfolgt bis zum Hüteort des Speeres, der durch Magie geschaffen worden ist, und der Speer durchbohrte Cúldub im Moor. Er wurde erst gefunden, nachdem Maelodrán ihn benutzt hatte, um Aithechda, den König der Uí Néill, zu töten, als Maelodrán schon seit einem Jahr tot und begraben gewesen war. So lange der Speer versteckt wurde und nach Süden zeigte, konnte das von den Uí Máil beherrschte Leinster nicht Conns Hälfte angreifen (Irland nördlich von Dublin, der Herrschaftsbereich der Uí Neill).

Der Speer muss sich in der Nähe der Leinster-Uí Néill-Grenze befinden, wie zu Zeiten Maelodráns, im siebten Jahrhundert, wo diese Grenze eine grobe Linie westlich von Dublin beschrieb. Die nördlichste „Durgein"-Flurname befindet sich in der Nähe dieser Linie, wie auch das große dreimaurige Erdfort, das durch Steinbruch teilweise zerstört ist und Ring of Sillagh genannt wird und zwischen Naas und Eustace-Ballymore liegt. Interessanterweise hat man von dort einen klaren Blick auf den südlichsten Vorposten der Uí Néill, Dún Bolg, die

Höhenburg, die heute Brusselstown Ring genannt wird und einundzwanzig km weiter im Süden liegt. Der Ring of Sillagh ist wahrscheinlich der nördlichste Sitz der Uí Máil.

Der Speer zeigte nach Süden auf die Männer von Leinster, also sollten wir ihn im Norden des Rings suchen. Und da haben wir ihn auch schon, den Stehenden Stein von Punchestown, anderthalb Meilen nördlich des Ring of Sillagh.

„Er lag mit einer Gabel unter dem Hals auf der Straße. Und immer, wenn jemand vorbeikam, ohne eine Gabe zurückzulassen, bewegte ein Dämon den Speer, und der schnellte hervor und metzelte alle nieder." Wie bewegt man einen neun Tonnen schweren Speer, falls man sich nicht auf dämonische Hilfe und die Wucht von Granitgeschossen verlassen will?

Für seine Höhe hat der Stein von Punchestown - totale Länge siebeneinhalb Meter - einen überraschend flachen Grund von nur neunzig Zentimetern, seine derzeitige und vermutlich ursprüngliche Tiefe. (Vergleichen wir den siebzehn Fuß hohen Stein im nahegelegenen Long Stone Rath: zwei Fuß lang mit einem Grund von vier Fuß). Die prekäre Befestigung des Steins von Punchestown hat ihn 1931 umkippen lassen, nachdem er mindestens vierzig Jahre schief gewesen war. Der Stein „lehnt sich nach Osten in einem Winkel von 35 Grad", wie ein Bericht von 1899 miteilt. (Und Fotos belegen, dass der Stein sogar, wenn er absolut senkrecht steht, noch immer schief aussieht). Wenn er früher umgekippt wäre, wäre er vielleicht „mit einer Gabel unter dem Hals" gestützt worden, was für einen Geschichtenerzähler sein Potential als von Dämonen gesteuertes Geschoss nahelegt, das siebenhundert Krieger auf einen Schlag töten konnte.

Wenn einige der stützenden Steine entfernt worden wären, hätte dieser zwischen Bäumen verborgene Steinspeer mit der Hilfe einer darunter angebrachten Gabel zum Umfallen gebracht werden können, die Gabel könnte rasch mit einem Seil hervorgezogen werden und der Stein würde auf eine ahnungslose Gruppe von Eindringlingen stürzen. Das macht die Vorstellung, dass er „Cúldub im Moor *durchbohrte*" noch unheimlicher. Dass siebenhundert Krieger getötet werden konnten, ist aber einwandfrei übertrieben. Diese Falle wäre beeindruckend genug, auch wenn nur wenige Krieger, die nicht schnell genug beiseite springen könnten, zu Tode kämen. Die Geschichte eines magischen Speers, der offenbar von unsichtbaren Mächten bewegt wird, hätte im Bericht der geschockten Überlebenden nichts von seinen Schrecken verloren.

Das alles muss nicht unbedingt passiert sein. Wie in modernen Wandersagen brauchen wir nur die Möglichkeit, dass es passiert sein könnte, um allen Unglauben auszurotten. Cúldub war vielleicht das einzige Opfer, und vielleicht ist auch diese Geschichte aus dem bekannterweise unzuverlässigen Dindsenchas die pure Erfindung.

Wie und warum wurden Maelodráns Speer und der Speer von Belach Durgein miteinander in Verbindung gebracht?

Ich vermute, dass der Stein mit dem Speer von Belach Durgein aus etlichen Gründen zusammengebracht wurde. Rituale, Verteidigung, Propaganda und natürlich aus erzähltechnischen Erwägungen. Stehende Steine sind meistens Grenz- oder Grabsteine oder Denkmäler, manchmal auch alles zugleich. Es könnte auch an den Brauch der Kriegerbanden erinnern, einen Steinpfeiler als Erinnerung an eine Niederlage zu errichten, wie wir in „Conaire der Große" gehört haben. Da diese Steine meistens in die Bronzezeit datiert werden und da die Geschichte des Mordes an Durgein zu jener Zeit spielt, können wir annehmen, dass der Stein von Punchestown ein Grenzstein war, der mit der Geschichte von Durgein in Verbindung gebracht wurde. Das führt uns zu dem Schluss, dass Maelodrán, Hüter der Grenzen der Uí Néill und Erzfeind der Uí Máil, einen normannischen Speer hatte, der mit der Spitze und der Vorderkante tötete, und dass diese historische und legendäre Waffe mit dem heute als Stein von Punchestown bekannten Grenzstein gleichgesetzt wurde, der ebenfalls tötete, indem er „zu Boden fiel", und der auf diese Weise zu einem rituellen, mystischen Hüter wurde. Es könnte dazu gekommen sein, als ein Erzähler, der Geschichte zuliebe, den Stein von Punchestown für die Geschichte vom Tod des Maelodrán auslieh.

Sogar ein zweitrangiger Erzähler und vermutlich auch Maelodrán selbst müssen die Geschichte von Cúchulainn gekannt haben. Das Epos von Ulster, „Táin Bó Cuailgne", in dem Cúchulainn als Superheld die Hauptrolle spielt, wurde um die Zeit von Maelodráns Heldentaten schriftlich niedergelegt. In mehreren Episoden des Táin benutzt Cúchulainn stehende Steine auf unorthodoxe Weise, er reißt sie aus dem Boden, schleudert sie und spießt seine Feinde damit auf. Kaum siebzehn Kilometer vom Punchestown Standing Stone entfernt schleuderte Mac Cécht einen Steinpfeiler und brach den Rücken eines

Viehdiebs, der sich mit Conaires Kopf davonmachen wollte. In der Geschichte von Mac Dathós Schwein, die aus dem Ulsterzyklus stammt und im neunten oder zehnten Jahrhundert aufgezeichnet wurde, bedrohte Ferloga Conor Mac Nessa so, wie Maelodrán Diarmuid bedroht hatte, und Ferloga kehrte danach mit zwei von Conors Pferden mit goldenen Zaumzeug nach Hause zurück.

Es muss für einen Geschichtenerzähler eine unwiderstehliche Versuchung gewesen sein, die lokalen Wahrzeichen mit Cúchulainns Taten in Verbindung zu bringen und beide dem Stammeshelden Maelodrán anzuhängen. Es ist möglich, dass die Geschichte von Maelodráns Mord an Bláthmacs Söhnen - die von den frühen Chronisten und auch von den meisten modernen Kommentatoren für eine historische Tatsache gehalten wird - zum Ruhme Leinsters mit Leihgaben aus den Ulstergeschichten verfeinert und angereichert wurde. Oder umgekehrt.

Robert Bruce und die Spinne
Eine schottische Sage in Irland

Nachdem Robert Bruce, 1309 bis 1329 König von Schottland, sechs Schlachten gegen die von den englischen Königen Edward I und Edward II geführten englischen Truppen verloren hatte, musste er fliehen, um sein Leben zu retten. Er suchte Zuflucht in Ulster, wo die Engländer allgemein verhasst waren.

Der Sage zufolge versteckte er sich eines Tages in einer Höhle auf Rathlin Island vor der Küste von Nord Antrim bei Ballycastle und sah zu, wie eine Spinne ihr Netz spann. Während er mit dem Gedanken spielte, seinen Widerstand gegen die Engländer aufzugeben, versuchte vor seinen Augen die Spinne sechsmal vergeblich, von einem Stein zum anderen zu gelangen, um einen Faden zu befestigen, so, wie Robert sechsmal die englische Invasion seines Landes nicht hatte zurück zurückschlagen können. Beim siebten Versuch hatte die Spinne Erfolg. Das machte Robert Mut, seine Krieger zu einer weiteren Schlacht zusammenzurufen, und er besiegte im Jahre 1314 die Engländer bei Bannockburn. „Bruces's Cave" liegt an der Nordostecke von Rathlin Island.

Während Robert Bruce in Schottland als Nationalheld gilt, sind er und sein Bruder Edward in Irland nicht so beliebt. Die Folgen der Bruce-Invasion machen ein bedeutendes Kapitel in der Geschichte des mittelalterlichen Irland aus. Durch die Invasion von 1315 sollte Edward als König eingesetzt werden. Robert wollte damit zweifellos Englands Aufmerksamkeit von Schottland ablenken und außerdem Edward als Mitbewerber auf den schottischen Thron ausschalten. Edward wurde mit Hilfe der Adligen von Ulster zum König von Irland gekrönt, aber die damit verbundenen Verluste an Menschen und Besitz und die daraus entstandenen Schäden für die Infrastruktur führten zu einem Jahrzehnt der Hungersnöte und Seuchen. Dass die Bruce-Brüder im ganzen Land verflucht wurden, zeigt eine Eintragung in den Annalen von Connacht aus dem Jahre 1318:

„Edward Bruce, der die Gallen (Anglo-Normannen) und Gälen Irlands gleichermaßen ins Verderben stürzte, wurde in Dundalk in hitzigem Kampf getötet. Mac Ruadiri, König der Hebriden, und Mac Domnaill, König von Argyle, und ihre schottischen Truppen kamen mit ihm ums Leben, und niemals wurde für die Iren eine bessere Tat getan als diese, seit Anbeginn der Welt und der Vertreibung der Fomori aus Irland. Denn zu Zeiten dieses Bruce, für dreieinhalb Jahre, füllten Falschheit und Hungersnot und Mord das Leben und zweifellos aßen Menschen damals einander auf."

Edward Bruce fiel in der Schlacht von Faughart, etwa zwei Meilen nördlich von Dundalk, im Laufe der Jahrhunderte Schauplatz vieler historischer und sagenhafter Schlachten. Sein Grab ist auf dem Friedhof auf dem Faughart Hill zu sehen, wo die heilige Brigid in der Nähe ihres Geburtsortes eine Kirche errichtet hatte.

Die Rote Hand von Ulster

Nun folgt eine der vielen Varianten der Sage, die erklärt, warum eine rote rechte Hand, die uns die Handfläche zukehrt, zum Symbol Ulsters geworden ist.

Zwei junge Sippenhäuptlinge, ein O'Neill und ein O'Donnell, wollten die Herrschaft über Rathlin Island an sich reißen. Statt zu den Waffen zu greifen, verabredeten sie ein Bootsrennen. Wer zuerst seine Hand auf die Insel legen könnte, sollte der Sieger sein. Sie ruderten von Ballycastle los, und als sie sich dem Ufer von Rathlin näherten, lag O'Donnell so weit vorn, dass er zweifellos als erster an Land gehen und seinen Anspruch auf die Insel geltend machen würde.

O'Neill griff zum Schwert, hackte sich die rechte Hand ab und warf sie ans Ufer. Damit hatte er die Insel gewonnen.

Die Schlachtengöttin des Clan Turloch

Im Jahre 1276 setzte zwischen zwei Zweigen der O'Brians, dem Clan Turlough und dem Clan Brian Rua, der Kampf um die Vorherrschaft in Thomond ein (so ungefähr der heutige County Clare). Die Saga „Die Triumphe des Turloch" wurde um 1369 vom Sohn des Dichters verfasst, der bei der ersten der beiden Schlachten, 1317 und 1318, zugegen war, bei denen die Frage für die nächsten beiden Jahrhunderte zugunsten des Clan Turloch entschieden wurde. Eine Sage mit uralten mythologischen Wurzeln wurde an die historisch korrekte Darstellung der beiden Schlachten angehängt.

In der irischen Mythologie bilden Badbh, Macha und die Mórrigan (die große Königin) ein Trio von Schlachtengöttinnen. Sie gehörten den Tuatha De Danann an, den übernatürlichen Wesen, die in späteren Geschichten als das Volk der Sidhe und schließlich als die Feen bekannt wurden. Die Badbh lebt weiter in der Volksüberlieferung als Beansí, die den Tod eines Mitglieds der alten gälischen Familien ankündigt und beklagt. Diese Schlachtengöttinnen tauchen oft in mythologischen Geschichten und Sagen um übernatürliche Helden auf, wie in dem strikt heidnischen Epos aus Ulster, „Der Viehraub von Cooley", der um die Zeit von Christi Leben spielt. Bei der Schlacht von Clontarf, 1014, in der Brian Boru die Dänen besiegte, soll über dem Schlachtfeld eine Schlachtengöttin, eine Badbh Catha, geschwebt sein, und bei einem Streit über den Heldenanteil wird die Metapher eine „strahlenden Schlachtengöttin" verwendet. Aber dieses Bild wird oft herangezogen, um die Hitze des Gefechts zu beschreiben, und sollte nicht wortwörtlich genommen werden.

In späteren Geschichten wie der Leinster-Saga vom Viehtribut ist der übernatürliche Schutzgeist, der über dem Schlachtfeld schwebt, normalerweise ein christlicher Heiliger oder eine Heilige. Ungewöhnlich an den folgenden beiden Geschichten ist, dass die Krieger im vollständig christianisierten Irland des 14. Jahrhunderts diesem mythologischen Wesen bereits vor der Schlacht begegnen.

Die Schlacht von Corcomroe, im Osten von Ballyvaughan und im Norden von Clare im Burren gelegen, wurde am 15. August 1317 zwischen Donough vom Clan Brian Rua, König von Thomond, und seinem Herausforderer Murthag vom Clan Turloch ausgefochten. Beide Seiten waren vermutlich gleich stark, jede mit an die neuntausend Mann. Die Schlacht ist vor allem als Hintergrund von W. B. Yeats' lyrischem Schauspiel „Der Traum der Knochen" (1919) erinnerlich, das sich um Corcomroe Abbey und den dazugehörigen Friedhof abspielt:

> "Der kleine enge ausgetretene Weg
> der von der weißen Straße zur Abtei von Corcomroe führt...
> (Clan Turloch) und ihre Feinde aus Thomond
> stoßen über ihren Knochen in einer kurzen Traumschlacht aufeinander ...
> siebzehn Jahrhunderte sind verflossen

seit sie, müde des Lebens und der Blicke der Menschen
ihre Knochen an eine vergessene Stelle warfen, denn sie waren verflucht."

Am Vorabend der Schlacht suchten Murtach und seine Krieger in der Abtei Schutz, während sie den Feind erwarteten, das Heer des Donoch Mac Donall Mac Brian Rua. Als sie sich von Ballyvaughan her der Abtei näherten, begegneten Donochs Männer einer Badbh, die sich aus den Tiefen des Lough Rask erhob. Die folgende Beschreibung ist eine Übersetzung aus dem Irischen:

„Als sie über den glitzernden See blickten, sahen sie ein rissiges buckliges elendes grauenhaftes blaugesichtiges grünzähniges hexenhaftes Gespenst mit langen zottigen Haaren und einer krummen Nase. Dieses entsetzliche Geschöpf hatte scheele Triefaugen, krumme Lippen, grobe Haare wie Heidekrautzweige, mit einem Fell aus rotgrauem Fuchspelz, das sie bedeckte, ohne ihre Blöße zu bedecken. Ihre schmale gefurchte Stirn war bedeckt von Beulen und nässenden Wunden und zweigartigen Auswüchsen. Gierige klaffende lila vereiterte bittere Käferglubschaugen lugten unter rotgeränderten Lidern und unter zackigen Mauern aus rotgrauen Käferbrauen hervor. Eine riesige blaugrüne platte breite schnaubende Schweineschnauze groß wie eine Faust ließ Rotz über die Seiten der entsetzlichen Vettel laufen. Die eine Seite ihres riesigen würgenden rülpsenden Mauls zog sich zu ihrer Nase hoch, die andere hinab zu ihrem stacheligen Bart. Das Gespenst hatte zwei verrottete Zähne wie zerbrochene Weidenruten und eine rasche spitze bohrende wüste bittere aussätzige Zunge. Ein grüner schmieriger magerer Stock von dürrem Hals trug ihren Kopf. Zwei schwarze runde klobige steinerne Storchenschultern führten zu ihren schwarzen Flanken und Rippen. Hagere Arme mit steifen spitzen holzigen Ellbogen und riesige krumme Hände mit grausamen knotigen dürren Krallenfingern hingen unter ihren mageren Schultern. Wie zwei schlaffe Beutel voller matschigem Brei waren die mageren Vorsprünge auf dem verwelkten Brustkasten der heldischen Hexe. Ein hohler breiter Bauch spannte sich über ihre verkommene Gestalt. Mit knotigen Knien, schiefen Waden, fetten Oberschenkeln, breitem Arsch, verdrehten Zehen, mit einem federfleckigen boshaften Windloch. Zwei klobige platte Füße, krumme Zehen, krumme Linien, schmale schwarze Fersen, faulig und stinkend im Schritt, so war die Erscheinung der Vettel.

Sie hatte eine Menge von Köpfen und Armen und Beinen und Schlachtabfällen, die sie am Seeufer wusch, und im Wasser schwammen Haare und Gehirne.

Donoch fragte: „Wie ist dein Name? Wer ist deine Sippe und wer sind diese Toten hier am Ufer?"

„Beklagerin des Burren ist mein Name, ich stamme auch von den Tuatha De Dannaan ab. Hüte dich, König, denn die Köpfe deiner Soldaten und dein eigener, werden dieser Zerstörung anheimfallen. Ihr tragt sie noch, aber sie gehören euch nicht mehr. Ihr marschiert in den Kampf, aber bald wird nur noch das von euch übrig sein, was die Vögel davontragen können."

Alle waren entsetzt über diese bittere Weissagung, und sie griffen zu ihren Speeren, um sie auf die Hexe zu schleudern, aber sie erhob sich rasch im Wind und rief über ihren Köpfen: „Not, Leid, Gewalt, wilde Kämpfe harren eurer ..." und dann teilte sie mit, welche Krieger ihr Leben verlieren würden und wie.

„Achtet nicht auf die Reden dieses törichten Wesens", sagte Donoch zu seinen Mannen, „denn sie ist nur eine mit dem Clan Turloch befreundete Kriegsgöttin."

Alles, was die Badbh vorhergesagt hatte, bis ins letzte Detail, geschah in der Schlacht, die von Murtach vom Clan Turloch gewonnen wurde, und so wurde er zum König von Thomond.

Im Mai 1318 machten sich der Anglo-Normannische Fürst der Gegend, Richard de Clare (dessen Name nicht mit dem County zu tun hat) und sein junger Sohn mit einer Gruppe von Kriegern von ihrem Stützpunkt Bunratty Castle auf, um Murtach nach einem Viehraub zur Rechenschaft zu ziehen. Als sie bei Quin den Fluss Fergus überqueren wollten, trafen sie auf eine Badbh, vermutlich dieselbe, die ein Jahr zuvor Donough begegnet war, denn sie wird in derselben bombastischen und überladenen Sprache beschrieben wie diese. Sie wusch Kleider und Rüstungen, die genauso aussahen wie die der Krieger von de Clare. Sie sprach zu ihnen:

„Ihr mögt stolz in die Schlacht ziehen, aber schon bald wird euch allen das Verderben blühen." Sie stellte sich vor als die „Dunkle Wasserklägerin des Stammes der Hölle" und fügte hinzu. „Und ich lade euch ein, mit mir zu kommen, denn bald werden wir alle ein Stamm sein."

Sie sprach natürlich Irisch und de Clare bat seinen Dolmetscher um Übersetzung. Der erwiderte kryptisch: „Sie weissagt Böses für unseren Weg.

Aber weil wir ihr begegnet sind, müssten wir mit Glück rechnen können, denn sie ist nur eine, die dem Clan Turloch wohlgesonnen ist."

Die Schlacht fand bei Dysert O'Dea statt und auf jeder Seite kämpften tausend Krieger. De Clare und sein Sohn kamen ums Leben und ein zeitgenössischer Bericht teilt mit, dass Richard vor lauter Hass in winzige Stücke zerhackt wurde. Nach dieser Schlacht wurden die Anglo-Normannen aus Clare vertrieben und der Clan Turloch herrschte unangefochten für die nächsten zweihundert Jahre.

Fionn Mac Cúmhaill und die Fianna

Finn ... hat nie gelebt.
T. F. O'Rahilly, **Early Irish History and Mythology**, 1946

Es wäre ein Fehler, Fionn Mc Cumhaill für einen nur mythologischen Helden zu halten. Vieles von den Berichten über seine Heldentaten mag apokryph sein, aber Fionn selbst ist eine zweifellos historische Persönlichkeit, und dass er zu der Zeit gelebt hat, in der über seine Aktivitäten in den Annalen berichtet wird, steht so fest wie die Tatsache, dass Julius Caesar zu der Zeit gelebt und geherrscht hat, die die römischen Historiker nennen.
Eugene O'Curry: **Lectures on the Manuscript Materials of Ancient Irish History**, Dublin, 1873

Doch wer immer behauptete, dass Fionn und die Fianna nicht gelebt haben, spräche nicht die Wahrheit. Denn, um zu beweisen, dass es die Fian gegeben hat, haben wir die drei Dinge, die die Wahrheit jeder Geschichte der Welt belegen, außer der Bibel, nämlich, mündliche Überlieferung der Alten, alte Unterlagen und alte Hinterlassenschaften, die auf Latein Monumenta genannt werden. Denn uns ist von Mund zu Mund überliefert worden, dass Fionn und die Fianna existiert haben, und es gibt zudem etliche Unterlagen, die dieses belegen.
Geoffrey Keating: **Foras Feas ar Éirinn** („Grundlage des Wissen um Irland"), 1634

Das Motto der Fianna war: „Wir leben durch drei Dinge: Wahrheit in unseren Herzen, Stärke in unseren Händen und Wahrheit auf unseren Zungen." Das letzte ist das Motto der Rangers, einer Sondertruppe der irischen Armee: „Beart de réir ár mbriathar" - wörtlich: Unsere Tat wie unser Wort.

Die Jagd nach Diarmuid und Gráinne

Die erste bekannte schriftliche Erwähnung der Geschichte von Diarmuid und Gráinne finden wir in den Amra Coluim Cille aus dem 9. Jahrhundert, bewahrt im Lebor na hUidre aus dem 12. Jahrhundert und anderswo, wo die Vierzeiler angeführt sind, die beginnen mit: „Gráinne sagte: Ich weiß einen Mann", und „Was du hast, ist gut, Gráinne". Frühere Varianten der Geschichte waren „Die Flucht" (Ealó) oder „Das Entlaufen (Atihed) von Gráinne, Tochter des Cormac, mit Diarmuid Ó Duibhne", von denen nur die Titel in Listen des 10. Jahrhunderts erhalten sind. Die „Jagd", in der uns heute bekannten Gestalt, stammt aus dem 15. Jahrhundert und wurde 1857 von Standish O'Grady übersetzt, aber die Geschichte war schon vorher so bekannt, dass sie im Acallam na Senorach aus dem 12. Jahrhundert und in Gedichten des Magiers Gerald FitzGerald aus dem 14. Jahrhundert erwähnt wird. Die Geschichte spielt im späten 3. Jahrhundert. Fionn Mac Cumhaill, „fett und alt" in „Eachtachs Rache", starb 284. Meine Hauptquelle ist O'Grady in „Transitions of the Ossianic Society", zusammen mit dem Zwischenstück der „Gütigen alten Frau" aus Amhaloibh Ó Luingsighs Montage mehrerer mündlicher Versionen von 1910, die er von Seanaithe aus Cúil Aodha bei Ballyvourney, Co. Cork gesammelt hatte.

Der Antrag

Fionn Mac Cumhaill stand eines Tages früher auf als sonst und setzte sich allein auf den Rasen vor seinem Wohnsitz, dem Hauptquartier der Fianna auf dem Hügel von Allen. Sein Sohn Oisin und Oisíns Vetter Diorraing gesellten sich zu ihm.

„Warum bist du so früh schon auf, Fionn?", fragte Oisin.

„Ich bin jetzt seit Magnais' Tod vor einem Jahr ohne Frau", sagte Fionn. „Und ein Mann schläft nicht gut, wenn er keine Frau neben sich hat. Deshalb bin ich so früh auf."

„Aber warum bist du ohne Frau?", fragte Oisin. „In ganz Irland gibt es keine Frau oder Gattin, die ein Mann wie du nicht haben könnte. Und es gibt auch keine Tochter eines Adligen oder Königs, die Diorraing und ich dir nicht bringen würden, ob mit Gewalt oder freiwillig, damit du sie dir ansiehst."

Diorraing sagte: „Ich kenne genau die richtige Frau für dich, Fionn, wenn du willst, dann werde ich für dich um sie anhalten."

„Wer ist sie?", fragte Fionn. „Gráinne, die Tochter von Cormac Mac Airt, dem Hochkönig von Irland", sagte Diorraing. „Sie ist die schönste, feinste, reizendste Frau auf der ganzen Welt."

„Das Problem ist", sagte Fionn. „dass Cormac und ich schon lange in Fehde liegen, weil sein Großvater in der Schlacht von Cnucha meinen Vater erschlagen hat, und es wäre doch unangenehm, wenn ich um seine Tochter anhielte und abgewiesen würde. Aber wenn du und Oisín für mich fragtet, wäre die Abweisung leichter zu ertragen."

Also begaben Oisín und Diorraing sich nach Tara zu Cormac und als sie dort ankamen, stellten sie fest, dass Cormac sich gerade mit den Anführern von Meath und Bregia besprach. Da er annahm, dass die beiden Krieger der Fianna mit einem wichtigen Anliegen zu ihm kämen, vertagte Cormac das Gespräch. Als sie allein waren, erklärte Oisín, sie wollten für Fionn um die Hand von Cormacs Tochter anhalten.

Cormac sagte: „Es gibt keinen Sohn eines Königs, Edlen, Helden oder Kriegers, dessen Antrag meine Tochter noch nicht zurückgewiesen hat, und alle meinen, das sei meine Schuld. Ich werde auch euch zu Gráinne führen, und ihr könnt ihre Entscheidung mit eigenen Ohren vernehmen, damit ihr mir keine Vorwürfe macht."

Sie begaben sich in die Sonnenkammer der Frauen, und Cormac sagte zu Gráinne: „Hier sind zwei Angehörige von Fionn Mac Cumhaill, und sie wollen für ihn um dich anhalten. Welche Antwort soll ich ihnen geben?"

Gráinne erwiderte: „Wenn er für dich ein passender Schwiegersohn ist, dann ist er für mich ein passender Gatte."

Das Hochzeitsfest

Die Hochzeit sollte vierzehn Tage darauf in Tara gefeiert werden und Oisín kehrte zurück zum Hügel von Allen, um Fionn und die Fianna zu informieren. Fionn befahl alle sieben Abteilungen der Fianna aus ganz Irland für den festgesetzten Tag nach Tara. Cormac versammelte alle Adligen und Häuptlinge in Tara und sie hießen Fionn und die Fianna herzlich willkommen. Dann gingen sie in die Banketthalle, um zur Feier des Tages zu speisen, zu zechen und Musik und Geschichten zu hören. Cormacs Gemahlin Eithne Tochter des Cathair Mór saß neben ihm und Gráinne saß auf ihrer anderen Seite. Fionn saß neben Cormac. Cairbre Lifechair, Cormacs Sohn, befand sich auf derselben Seite der Halle, Oisín auf der anderen, und die Edlen waren nach ihrer Sippe und ihrem Adelsrang gesetzt. Daighre Duanach Mac Morna, ein Weiser und Gelehrter der Fianna, saß Gráinne gegenüber, und irgendwann fragte Gráinne:
„Warum ist Fionn Mac Cumhaill heute Abend hier?"
„Wenn du das nicht weißt", sagte der Weise, „dann ist es kein Wunder, wenn ich es nicht weiß."
„Ich würde es aber gern von dir erfahren", sagte Gráinne.
„Nun gut", sagte der Weise. „Fionn ist heute hergekommen, um sich hier eine Frau zu suchen."
„Es kommt mir sehr seltsam vor", sagte Gráinne, „dass Fionn nicht für seinen Sohn Oisín um mich wirbt. Es wäre doch passender für mich, einem jungen Mann wie ihm gegeben zu werden, statt eines Mannes, der so viel älter ist als ich."
„Sag das nicht", meinte der Weise. „Wenn Fionn dich hörte, würde er nichts mit dir zu tun haben wollen, und Oisín würde nicht wagen, dich anzurühren."
„Dann sag mir", sagte Gráinne, „wer sitzt zur rechten Schulter von Oisín?"
„Das ist der schnelle tapfere Goll Mac Morna."
„Und neben Goll?"
„Oscar, der Sohn des Oisín."
„Und neben Oscar?"
„Fionns Neffe, Caoilte."
„Und neben Caoilte?"
„Mac Lugach, der starkarmige Sohn von einer von Fionns Töchtern."

„Wer ist der hinreißende Mann mit den rabenschwarzen Locken und den rosenroten Wangen auf Oisíns linker Seite, der so süße Reden führt?"

„Dairmuid der perlzähnige, hellgesichtige Enkel von Duibhne ist jener Mann", sagte der Weise. „Er ist der begehrteste Liebhaber von Frauen und Mädchen in ganz Irland."

„Wer sitzt neben Diarmuid Ó Duibhne?"

„Das ist Diorraing Mac Dohaird Dháhaigh Ó Baskin, ein Weiser und Gelehrter", sagte Daigre Duanach.

„Das ist eine gute Gesellschaft", sagte Gráinne.

Und damit rief sie ihre Magd und befahl ihr, das mit Juwelen besetzte und mit Gold überzogene Trinkhorn zu holen, das sie in ihrer Sonnenkammer zurückgelassen hatte. Es war groß genug, um für neunmal neun Männer zu reichen. Als die Magd es ihr gebracht hatte, sagte Gráinne: „Gehe damit zu Fionn und sage ihm, er soll daraus trinken, und sage ihm auch, dass ich es geschickt habe."

Die Magd brachte Fionn das Horn und er trank daraus und reichte es Cormac und schlief ein. Cormac trank und reichte das Horn seiner Frau Eithne und schlief ein. Eithne trank und reichte das Horn Gráinne und schlief ein. Dann rief Gráinne die Magd und sagte: „Bring dieses Horn Cairbre Lifechair und sage ihm, er soll daraus trinken und es dann an die jungen Edlen in seiner Gesellschaft weiterreichen."

Die Magd gehorchte und alle jungen Männer schliefen ein, sowie sie aus dem Horn getrunken hatten. Nur Oisín, Oscar, Dairmuid, Diorraing, Caoilte und Mac Lugnach standen noch aufrecht. Gráinne trat vor Oisín und Diarmuid und sagte zu Oisín:

„Ich kann nicht begreifen, dass Fionn Mac Cumhaill um mich werben will, wenn ein junger Mann wie du viel besser zu mir passen würde als ein alter Mann."

„Sag das nicht, Gráinne", meinte Oisín. „Wenn Fionn dich hörte, würde er nichts mehr mit dir zu tun haben wollen, und ich würde nicht wagen, mich mit dir zu befassen."

„Ich bitte dich, mich zu heiraten, Oisín", sagte Gráinne. „Nimmst du meinen Antrag an?"

„Nein", sagte Oisín. „Ich will nichts mit einer Frau zu tun haben, die mit Fionn verlobt ist."

Gráinne wandte sich dann an Diarmuid und fragte: „Willst du mich heiraten, Ó Duibhne?"

„Nein", sagte Diarmuid. „Es wäre nicht richtig von mir, den Antrag einer Frau anzunehmen, die mit Fionn verlobt ist, zumal schon Oisín dich abgewiesen hat."

Die Geasa

„Dann", sagte Gráinne, „erlege ich dir die Geasa von Ruin und Zerstörung auf, Diarmuid Ó Duibhne, die Schmerzen einer Frau im Kindbett, das Gesicht eines Ertrunkenen und das Schicksal des Niall Caille, falls du mich nicht aus diesem Haus wegbringst, ehe Fionn und mein Vater erwachen."

„Das sind grausame Geasa, die du mir auferlegt hast, Herrin", sagte Diarmuid. „Warum ich und nicht ein anderer der jungen Edlen, die dort drüben schlafen? Sie haben eine Frau mindestens so verdient wie ich."

„Ich habe einen guten Grund, dir Geasa aufzuerlegen, Diarmuid. Eines Tages, als mein Vater hier in Tara eine Versammlung abhielt und Fionn und die Fianna dabei waren, wurde zwischen den Mannschaften, die mein Bruder Cairbre Lifechair und Mac Lugach anführten, ein Hurlingmatch ausgetragen. Das Spiel lief nicht gut für Mac Lugach und du hast den Mann neben dir zu Boden geworfen, seine Schläger genommen und drei Tore erzielt. Ich sah das von meiner Sonnenkammer aus und verliebte mich in dich, und seither habe ich keinen anderen Mann geliebt."

„Es ist ein Wunder, dass du diese Liebe mir geschenkt hast und nicht Fionn", sage Diarmuid, „denn kein Mann in Irland hat eine Frau mehr verdient als er. Und übrigens, Gráinne, weißt, du, dass Fionn, wenn er hier übernachtet, die Schlüssel von Tara in seiner Obhut hat? Das bedeutet, dass wir hier nicht weg können."

„Das stimmt nicht", sagte Gráinne. „Es gibt eine Hintertür aus meiner Sonnenkammer, die uns offensteht."

„Ich stehe unter dem Geis, keinen Ort durch eine Hintertür zu verlassen."

„Na", sagte Gráinne. „Ich habe gehört, dass jeder Krieger und Held mit seinem Speer über jede Mauer springen kann. Du kannst mir auf diesem Weg folgen, während ich die Hintertür nehme."

Gráinne ging durch die Hintertür und Diarmuid sprach mit seinen Freunden.

„Oisín, was soll ich mit diesen Geasa machen, die sie mir auferlegt hat?"

„Du bist für deine Taten nicht verantwortlich", sagte Oisín. „Ich sage, folge ihr, aber hüte dich vor Fionns Listen."

„Oscar, Sohn des Oisín", sagte Diarmuid. „Was rätst du mir?"

„Ich sage, folge ihr, denn ein Mann, der gegen seine Geasa verstößt, ist verdammt."

„Wie lautet dein Rat, Caoilte?"

„Alle sagen, dass ich Glück habe, da ich eine edle und treue Frau habe, aber ich würde die Welt geben, wenn Gráinne sich in mich verliebt hätte."

„Welchen Rat hast du für mich, Diorraing?"

„Ich sage, folge Gráinne, auch wenn es deinen Tod bedeuten wird, und das ist schade."

„Ist das auch dein Rat, Mac Lugach?"

„Das ist allerdings so", sagte Mac Lugach, „denn es wäre nicht anständig von dir, die Tochter des Königs von Irland abzuweisen."

„Ist das der Rat, den ihr alle mir gebt?"

Die Flucht

Diarmuid erhob sich, legte seine flinken Heldenhände auf seine Waffen und nahm Abschied von seinen Kameraden von der Fianna. Die Tränen, die aus seinen Augen fielen, waren so groß wie die glatten roten Beeren, die im Moor wachsen. Dann ging er zum oberen Teil des Hofes, stützte sich auf seine Speere und sprang mit einem leichten, schwindelerregenden Sprung über die Befestigungsmauer und landete mit elegantem Schwung draußen auf dem Rasen. Gráinne erwartete ihn schon, und Diarmuid sagte zu ihr: „Du hast uns in ein gefährliches Abenteuer hineingezogen, und es wäre besser für dich, Fionn zum Mann zu nehmen als mich. Und ich weiß auch gar nicht, wohin wir gehen könnten."

Sie wanderten los und sie waren eine Meile weit gegangen, als Gráinne sagte: „Ich bin müde, Diarmuid."

„Und gerade im richtigen Moment", sagte Diarmuid. „Wir können zurückkehren und du kannst in deine Kammer gehen und dich hinlegen und niemand wird wissen, dass wir fort waren."

„Das will ich aber nicht. Geh zurück zu der Koppel, wo die Pferde der Fianna stehen, und spanne zwei vor einen Wagen und komm damit zu mir."

Diarmuid gehorchte und sie fuhren nach Westen, bis sie bei Athlone den Shannon erreichten. Diarmuid ließ den Wagen und auf jedem Flussufer ein Pferd zurück, und er und Gráinne gingen eine Meile im Wasser flussabwärts, um keine Spuren zu hinterlassen, dann stiegen sie auf dem Ufer von Connacht an Land. Sie wanderten weiter nach Westen, bis sie Doire Dá Bhaoth (Die Lichtung der zwei Hütten) in Clann Riocarid (Clanricarde) im County Galway erreichten. Diarmuid fällte einige Bäume und baute eine Umfriedung mit sieben Türen, und er machte in der Mitte für Gráinne ein Bett aus weichen Binsen und Birkenzweigen.

Der Beginn der Verfolgung

Fionn war inzwischen erwacht und hatte entdeckt, dass Diarmuid und Gráinne verschwunden waren. Er schickte seine Späher hinter ihnen her, den Clan Neamhnainn, und sie konnten berichten, dass sie die Spur der beiden bei Athlone verloren hatten. Fionn drohte, sie auf beiden Ufern des Shannon zu hängen, wenn sie die Flüchtigen nicht fänden. Er schickte sie abermals los und folgte dann den Spähern mit der restlichen Fianna. Als die Späher berichteten, dass sie Diarmuid und Gráinne in Doire Dá Bhaoth entdeckt hatten, hörten das auch Oisín, Oscar, Caoilte, Diorraing und Mac Lugach.

„Wir müssen Diarmuid warnen", sagte Oisín zu den anderen. „Da ist Fionns Hündin, Bran. Sie liebt Diarmuid so sehr wie sie Fionn liebt. Schick sie zu Diarmuid in Doire Dá Bhaoth und er wird wissen, dass Fionn unterwegs ist."

Das sagten sie Bran und sie begriff, was sie zu tun hatte. Sie fiel hinter der Gruppe zurück, die Fionn auf der Straße nach Doire Dá Bhaoth anführte, und bei der ersten Gelegenheit verließ sie die Schar und folgte ganz allein Diarmaids und Gráinnes Spur zur Lichtung. Diarmuid schlief, als Bran dort ankam, und er erwachte verwirrt, als sie ihm den Kopf auf die Brust legte. Diarmuid weckte

Gráinne und sagte: „Das ist Fionns Hündin, Bran, die mich warnen will, dass Fionn auf dem Weg hierher ist."

„Dann lass dich warnen", sagte Gráinne. „Das werde ich nicht", sagte Diarmuid. „Fionn wird mich ja doch irgendwann fangen, und es ist mir egal, ob das gleich am ersten Tag passiert."

Gráinne wurde von Angst und Schrecken überwältigt, als sie das hörte. Bran kehrte zu Fionns vorrückender Armee zurück. Als Oisín sie sah, sagte er zu seinen Gefährten: „Ich fürchte, Bran hat Diarmuid nicht gefunden. Wir müssen uns eine andere Möglichkeit überlegen. Caoilte, wo ist dein Diener Fear Goir?"

„Hier ist er", sagte Caoilte.

Fear Goir konnte so laut brüllen, dass er durch einen halben County gehört wurde. Sie befahlen ihm, dreimal zu rufen, damit Diarmuid ihn hören könnte. Diarmuid hörte die drei Rufe, weckte Gráinne und sagte: „Ich habe soeben Fear Goil rufen hören, und er ist bei Caoilte und Caoilte ist bei Fionn. Er soll mich warnen, dass Fionn auf dem Weg hierher ist."

„Dann lass dich warnen", sagte Gráinne.

„Das werde ich nicht", sagte Diarmuid. „Ich werde dieses Wäldchen erst verlassen, wenn Fionn und die Fianna mich eingeholt haben."

Als sie das hörte, wurde Gráinne abermals von Furcht und Entsetzen überwältigt.

Fionn und seine Armee erreichten Doire Dá Bhaoth und Fionn schickt seine Späher in das Wäldchen. Sie kamen zurück und berichteten. „Wir haben Diarmuids Spuren gefunden und er hat eine Frau bei sich, aber wir wissen nicht, wer sie ist."

„Verflucht seien Diarmuids Freunde", sagte Fionn. „Er wird diesen Ort erst verlassen, wenn er mich für alles entschädigt, was er mir angetan hat."

„Es zeigt nur deine Eifersucht, Fionn", sagte Oisín, „zu glauben, dass Diarmuid hier bleiben würde, ohne irgendeine Festung außer Doire Dá Bhaoth, wo er doch weiß, dass du ihn verfolgst."

Oisíns Sohn Oscar sagte dasselbe. Fionn sprach: „Das wird dir nicht helfen. Ich weiß, dass du Bran geschickt hast, um Diarmuid zu warnen, und du hast Fear Goil dreimal rufen lassen, aber ich sage noch einmal, er kommt hier nicht weg, so lange er mir keine Genugtuung gewährt hat."

Dann hob Fionn die Stimme und rief: „Dairmuid Ó Duibhne, welcher von uns hat recht, ich oder Oisín und Oscar?"

„Dein Gespür ist so gut wie immer, Fionn", sagte Diarmuid. „Ich bin hier."

Mit diesen Worten richtete Diarmuid sich auf und gab Gráinne vor Augen von Fionn und der Fianna drei Küsse. Fionn brannte bei diesem Anblick vor Eifersucht und schwor, dass diese drei Küsse Diarmuid den Kopf kosten würden.

Diarmuids Pflegevater, Aonghus de Brugh, Beschützer der Liebenden, ließ niemals eine Nacht verstreichen, ohne seine Kraft zu nutzen, um aus der Ferne über Diarmuid zu wachen. Als er sah, in welchen Schwierigkeiten und in welcher Gefahr Diarmuid sich befand, hüllte er sich in einen kristallkalten Wind und verließ Brugna Bóinne (Newgrange) und hielt nicht an und rastete nicht, bis er Doire Dá Bhaoth erreicht hatte. Für Fionn und die Fianna unsichtbar begab sich Aaonghus zu Diarmuid und begrüßte ihn und sagte: „Welcher Rat hat dich in diese Schwierigkeiten gebracht, Enkel des Duibhne?"

„Die Tochter des Königs von Irland hat mir Geasa auferlegt, sie von Fionn Mac Cumhaill und ihrem Vater wegzuholen", sagte Diarmuid.

„In dem Fall", sagte Aognhus, „kommt beide unter einen Zipfel meines Umhangs und ich bringe euch von hier fort, ohne dass Fionn und die Fianna etwas bemerken."

„Nimm Gráinne mit dir", sagte Diarmuid. „Und wenn ich diesen Tag überlebe, werde ich euch unverzüglich folgen. Wenn ich nicht überlebe, bring Gráinne zurück zu ihrem Vater, damit er sie belohnen oder bestrafen kann."

Aonghus nahm Gráinne unter einen Zipfel seines Umhangs und ohne Wissen von Fionn und der Fianna brachen sie auf und begaben sich nach Limerick.

Diarmuid stand gerade wie eine Säule da und legte seine Rüstung an, griff zu seinen großschneidigen Waffen, ging auf die eine der sieben Türen seiner Festung zu und fragte, wer auf der anderen Seite sei.

„Kein Feind von dir", lautete die Antwort. „Oisín und Oscar und der Clan Baskin sind wir. Komm zu uns heraus, und nichts Schlimmes wird dir widerfahren."

„Ich komme erst zu euch hinaus", sagte Diarmuid, „wenn ich weiß, hinter welcher Tür Fionn steht."

Er ging zu einer anderen Tür und fragte, wer dort sei.

„Caoilte Mac Cronnchon Mac Rónáin ist hier, zusammen mit Clan Rónáin. Komm heraus und wir werden auf deiner Seite sein."

„Ich werde nicht zu euch hinauskommen", sagte Diarmuid, „und Fionn wird euch keine Vorwürfe machen, weil ihr mir geholfen habt."

Er ging zur dritten Tür und fragte, wer dort sei.

„Conán und Clan Morna, Feinde von Fionn und deine Freunde. Komm zu uns heraus und du hast nichts zu befürchten."

„Ich komme nicht zu euch hinaus", sagte Diarmuid. „Denn Fionn würde den Tod eines jeden von euch meinem eigenen Tod vorziehen."

Er ging zur nächsten Tür und fragte, wer dort sei.

„Ein Freund und Waffenbruder, Fionn Mac Cuadháin Sohn des Murchadh, Häuptling der Fianna von Munster, zusammen mit der Fianna von Munster, Landsleute von dir, Diarmuid Ó Duibhne. Wir bieten dir unsere Liebe und unsere Seele an."

„Ich werde nicht zu euch hinauskommen", sagte Diarmuid. „Denn ich will nicht der Grund einer Fehde zwischen euch und Fionn sein."

Er ging zur nächsten Tür und fragte, wer dort sei.

„Fionn Mac Gloire, Häuptling der Fianna von Ulster, zusammen mit der Fianna von Ulster. Komm zu uns heraus, und es wird für dich kein Blutvergießen und keine Wunden in der Schlacht geben."

„Ich komme nicht zu euch hinaus", sagte Diarmuid. „Denn du und dein Vater seid meine Freunde, ich will nicht, dass es meinetwegen zu Feindseligkeiten zwischen euch und Fionn kommt."

Er ging zu einer weiteren Tür und fragte, wer dort sei.

„Keiner, der ein Freund von dir wäre. Wir sind die Sippe der Vernichter, die dich u diesem Ort verfolgt hat: der kleine Aodh, der große Aodh, der tapfer Suim von den hundert Hieben, Irre Stimme und Aoife, seine Tochter, und Schmerbauchspäher. Wir sind die, die dir den Kopf abschlagen wollen, und wenn du zu uns herauskommst, werden wir ein großartiges Gemetzel mit dir veranstalten."

„Ihr seid wirklich ein übler Haufen, ihr verräterischen Späher", sagte Diarmuid. „Ich komme nicht zu euch hinaus, nicht aus Angst, sondern weil ich euch nicht leiden mag."

Er ging zu einer weiteren Tür und fragte, wer dort sei.

„Keiner hier, der ein Freund von dir wäre", war die Antwort. „Hier ist Fionn Mac Cumhaill, Sohn des Trénmór aus der Sippe der Baskin, zusammen mit vierhundert ausländischen Söldnern. Wir sind deine Kopfabschläger, und wenn du zu uns herauskommst, werden wir dir die Glieder ausreißen und die Fetzen verstreuen."

„Auf mein Wort", sagte Diarmuid. „Die Tür, wo ihr seid, ist die Tür, durch die ich dieses Wäldchen verlassen werde."
Als Fionn das hörte, drohte er seinen Männern einen langsamen und qualvollen Tod an, wenn sie Diarmuid unbemerkt entkommen ließen. Diarmuid stützte sich auf seine beiden Speere und machte einen hohen schwindelerregenden eleganten Sprung ins Offene vor der Festung, so weit von Fionn und seinen Männern entfernt, dass sie nicht wussten, dass er entkommen war. Er schaute sich um und verkündete, dass er an ihnen vorbeigesprungen sei, dann warf er sich den Schild auf den Rücken und lief gen Westen, und schon bald konnten Fionn und die Fianna ihn nicht mehr sehen.

Auf der Flucht

Als er sah, dass er nicht verfolgt wurde, schlich er sich zurück in das Wäldchen, nahm die Fährte von Aonghus und Gráinne auf und folgte ihr nach Limerick. Da fand er die beiden vor einem knisternden Feuer, auf dem sie einen halben Eber brieten. Diarmuid begrüßte sie und Gráinne sprang vor Freude über sein plötzliches Auftauchen fast das Herz aus der Kehle. Er erzählte ihnen seine Geschichte von Anfang bis Ende, und sie verzehrten ihr Mahl und Diarmuid legte sich zwischen Aonghus und Gráinne schlafen.
Aonghus stand früh auf und sagte zu Diarmuid: „Ich gehe jetzt, und ich verlasse dich mit folgendem Rat: Wenn Fionn dich verfolgt, steige nicht auf einen Baum mit nur einem Stamm, verstecke dich nicht in einer Höhle mit nur einem Eingang, gehe nicht zu einer Insel im Meer, zu der nur eine Fahrrinne führt, iss niemals deine Mahlzeit dort, wo du sie gekocht hast, schlafe nicht dort, wo du deine Mahlzeit verzehrt hast, und ziehe mitten in der Nacht weiter, damit du nicht dort aufwachst, wo du eingeschlafen bist."
(Für Jahr und Tag, während sie von Fionn gejagt wurden, baute Diarmuid jede Nacht eine steinerne Schutzhütte, unter der er und Gráinne schlafen konnten. Von diesen dreihundertsechsundsechzig Bauten, die von manchen „Bett von Diarmuid und Gráinne" und von anderen Dolmen genannt werden, sind in Irland noch an die hundertfünfundsiebzig vorhanden).

Aonghus nahm nun von ihnen Abschied und Dairmuid und Gráinne folgten dem Shannon und begaben sich dann nach Sliabh Luachra und zum Fluss Luane in Kerry. Dort fing Diarmuid einen Lachs und kochte ihn und stieg über den Fluss, um den Lachs zu essen, und ging dann wieder zum anderen Ufer zum Schlafen. Er hatte in Doire Dá Bhaoth einen Bratspieß mit einem Stück gekochten Fleisches zurückgelassen, aus dem noch kein Bissen genommen worden war, als Zeichen für Fionn, dass er und Gráinne noch nicht das Lager geteilt hatten. Jetzt hinterließ er am Ufer des Luane einen ganzen gekochten Lachs. Das war der Hauptgrund, warum Fionn es so eilig haben würde, ihn einzuholen.

Diarmuid und Gráinne erhoben sich früh am nächsten Morgen und wanderten nach Westen, bis sie Tralee erreicht hatten, wo ihnen ein junger Krieger begegnete. Er hatte ein hübsches Gesicht und eine schöne Gestalt, aber er besaß keine brauchbaren Waffen oder Kleider. Diarmuid begrüßte ihn und fragte ihn nach seiner Geschichte.

„Ich bin ein junger Krieger, der einen Herrn sucht", sagte der andere. „Mein Name ist Muadhán. Ich kann dich tagsüber bedienen und nachts Wache halten."

„Du solltest diesen Mann aufnehmen", sagte Gráinne. „Du wirst nicht immer ohne Verfolger sein."

Diarmuid und Muadhán wurden handelseinig und sie wanderten weiter, bis sie den Fluss Caragh erreicht hatten. Muadhán bot an, sie beide hinüberzutragen. Gráinne sagte: „Es wäre eine zu schwere Last für dich, uns beide zu tragen", aber Muadhán schaffte es ohne große Mühe. Das tat er auch, als sie den Fluss Beigh erreichten, und als sie den überquert hatten, gingen sie zu ihrer Höhle oberhalb von Tonn Tóime in der Nähe von Ross Behy. Muadhán machte hinten in der Höhle für Diarmuid und Gráinne Betten aus weichen Binsen und Birkenzweigen, dann ging er in den Wald, schnitt sich eine Angel und befestigte eine Schnur und einen Haken daran, nahm als Köder eine Ilexbeere und fing drei Fische. Er nahm die Fische mit zurück in die Höhle und kochte sie, und als sie gar waren, sagte er zu Diarmuid: „Verteil du die Fische."

Diarmuid erwiderte: „Mir wäre es lieber, du tätest es."

„Nun, dann, Gráinne", sagte Muadhán, „verteil du sie."

„Ich würde das lieber dir überlassen", sagte sie.

„Na gut", sagte Muadhán, „wenn du die Fische verteilt hättest, Diarmuid, hättest du Gráinne den größten Fisch gegeben, also kann Gráinne den größten

Fisch haben. Wenn Gráinne sie verteilt hätte, hätte sie Diarmuid die größte Portion gegeben, also bekommt Diarmuid den zweitgrößten Fisch, und ich nehme den kleinsten."

Als sie ihre Mahlzeit beendet hatten, schliefen Diarmuid und Gráinne hinten in der Höhle und Muadhan stand am Eingang Wache. Als sie morgens erwachten, bat Diarmuid Gráinne, Wache zu halten, damit Muadhán schlafen könnte, und sagte, er wolle sich in der Umgebung umsehen.

Er kletterte auf einen nahe gelegenen Hügel und schaute in alle Richtungen. Bald sah er eine große Flotte, die von Westen her rasch näherkam. Die Schiffe landeten am Fuße des Hügels, in dem sich die Höhle befand. Neun mal neun Häuptlinge kamen an Land und Diarmuid stieg nach unten, um sie zu begrüßen und zu erfahren, woher sie kamen und was sie wollten.

„Wir sind die Grünen Krieger von den Kanalinseln", sagten sie. „Fionn Mac Cumhaill hat uns um Hilfe gerufen, um einen Vogelfreien namens Diarmuid Ó Duibhne zu fangen. Es gibt zehnmal hundert von uns, alle erfahrene Krieger, und jeder von uns kann es mit hundert Männern aufnehmen. Wir haben drei giftige Hunde, die wir auf den Vogelfreien hetzen wollen, wenn wir eine Spur finden. Feuer verbrennt sie nicht, Wasser ertränkt sie nicht, und Waffen verwunden sie nicht. Und sage uns jetzt, wer bist du, und weißt du etwas über den Aufenthaltsort von Diarmuid Ó Dúibhne?"

„Ich habe gestern jemanden gesehen, der ihn gesehen hat", sagte Diarmuid.

„Er wird bald gefangen werden", sagten die anderen.

„Wie heißt ihr?", fragte Diarmuid.

„Schwarzfuß, Schwachfuß und Starkfuß."

„Habt ihr Wein auf euren Schiffen?"

„Das haben wir", sagten sie.

„Wenn ihr ein Fass bringt", sagte Dairmuid, „dann führe ich euch ein Kunststück vor."

Sie ließen ein Fass, das tausend Liter fasste, vom Schiff bringen, und Diarmuid nahm es zwischen seine Hände und trank daraus und reichte es herum, und die fremden Krieger tranken, bis das Fass leer war. Dann trug Diarmuid das Fass auf den Hügel und ließ es hinunterrollen, und er stand darauf und rannte die ganze Zeit rückwärts. Das machte er dreimal, und einer der Krieger sagte, Diarmuid habe noch nie ein Kunststück gesehen, wenn er das hier als Kunststück bezeichnen wolle, und er selbst könne es ebenso gut vorführen. Er rollte das

Fass auf den Hügel und stieg darauf, aber Diarmuid versetzte dem Fass einen Tritt und der Krieger fiel darunter und das Fass rollte über ihn hinweg und walzte ihn platt. Andere nahmen diese Herausforderung an, aber Diarmuid spielte ihnen denselben Streich, bis gegen Abend fünfzig der fremden Krieger tot waren. Die anderen gingen zum Schlafen zurück auf ihre Schiffe.

Diarmuid kehrte zu Gráinne und Muadhán in die Höhle zurück, sie speisten und Diarmuid und Gráinne schliefen hinten in der Höhle, während Muadhán Wache hielt. Diarmuid erzählte ihnen nichts von seiner Begegnung mit den Fremden. Am Morgen ging er zu den Grünen Kriegern von den Kanalinseln und fragte, ob er ihnen ein weiteres Kunststück vorführen solle. Die Anführer sagten, sie wollten lieber Neuigkeiten über Diarmuid Ó Duibhne hören.

„Ich habe heute jemanden gesehen, der ihn gesehen hat", sagte Diarmuid. Dann legte er seine Waffen auf den Boden und zog seine Rüstung und alle seine Kleider aus, außer seinem Hemd und er bohrte seinen Speer, den Gelben Schaft des Manannán, mit der Spitze nach oben in den Boden, und er sprang behende hinauf und glitt an der Klinge hinab zu Boden. Einer der Krieger sagte: „Du hast noch nie ein Kunststück gesehen, wenn du das hier als Kunststück bezeichnest." Er legte seine Waffen auf den Boden und zog seine Rüstung aus und erhob sich vogelgleich über den Speer, aber er landete schwer und hart auf der Spitze, und die bohrte sich durch sein Herz, als er am Schaft zu Boden glitt. Diarmuid zog ihm den Speer aus seinem Leib und stellte den wieder auf, und andere Krieger versuchten, es Diarmuid gleichzutun, aber das Ergebnis war immer dasselbe, und am Ende hatte Diarmuids Trick fünfzig von ihnen erlegt, und die Anführer sagten ihm, er solle den Speer entfernen, damit nicht noch mehr getötet würden.

Die Fremden begaben sich für die Nacht auf ihre Schiffe und Diarmuid kehrte in die Höhle zurück. Sie aßen die Fische, die Muadhán gekocht hatte, und Diarmuid und Gráinne schliefen hinten in der Höhle, während Muadhán Wache stand.

Am folgenden Morgen schnitt Diarmuid im Wald zwei Astgabeln und ging damit zu den Grünen Kriegern hinunter. Er bohrte die Äste aufrecht in den Boden und legte Móralltach (großer Zorn), das Schwert des Manannán, das Aonghus ihm gegeben hatte, mit der Schneide nach oben zwischen die Gabeln. Er sprang leichtfüßig hinauf und maß dreimal mit bloßen Füßen die Länge der Klinge bis zur Spitze ab, dann sprang er auf den Boden.

„Gibt es einen unter euch, der dieses Kunststück ausführen kann?", fragte er.

„Das ist eine törichte Frage", antwortete einer. „In ganz Irland gibt es kein Kunststück, das nicht einer von uns ausführen könnte."

Er sprang über das Schwert, landete aber mit jedem Fuß auf einer anderen Seite der Schneide und kam in zwei Hälften auf dem Boden an. Ein Zweiter machte diesen Versuch, aber er landete quer und erreichte den Boden in zwei Hälften. An diesem Tag wurden so viele Grüne Krieger getötet wie an den beiden Vortagen, dann baten die Anführer Diarmuid, das Schwert wegzunehmen. Sie fragten, ob er Neues über Diarmuid Ó Duibhne wisse, und er sagte, er werde über Nacht versuchen, etwas in Erfahrung zu bringen.

Er kehrte in die Höhle zurück, aß die Fische, die Muadhán gekocht hatte, und Muadhán hielt Wache, während Diarmuid und Gráinne schliefen. Am Morgen sagte Diarmuid zu Gráinne, dass ihre Feinde in der Nähe seien, und erzählte ihr und Muadhán, welche Streiche er ihnen gespielt, und dass er in den vergangenen drei Tagen so viele getötet hatte: „Sie zählen fast zehn mal hundert, und sie haben drei giftige Hunde, die sie auf mich hetzen wollen. Ich glaube, wir sollten aufbrechen, ehe sie entdecken, dass wir hier sind."

Also verließen sie die Höhle und wanderten zurück in Richtung Tralee. Gráinne wurde müde, als sie Finnlaith Bog erreicht hatten, und Muadhán trug sie auf seinem Rücken, bis sie in das weite und liebliche Sliabh Luachra gelangten. Gráinne und Diarmuid wuschen sich im Fluss, und Gráinne bat ihn um seinen Dolch, weil sie sich die Nägel schneiden wollte.

Fionns Botin Dear Dubh (Schwarze Botin) vom Black Mountain holte derweil die Grünen Krieger ein und fragte: „Wer hat eure Krieger getötet?"

„Wir wissen nicht, wer er ist", sagten sie. „Aber er hat rabenschwarze Haare und rosenrote Wangen und war drei Tage bei uns."

„Welche Richtung hat er genommen?"

„Als er uns gestern Abend verlassen hat, hat er gesagt, er werde uns heute Morgen Nachrichten über Diarmuid Ó Duibhne bringen, aber er verspätet sich sehr."

„Das war Diarmuid Ó Duibhne selbst. Holt eure Hunde und lasst sie seine Fährte suchen."

Sie gingen zu ihren Schiffen und holten die Hunde und jagten sie auf Diarmuids Fährte los. Die Hunde führten sie zur Höhle und von dort zum Fluss Caraigh und durch Finnlaith Bog nach Sliabh Luachra. Diarmuid begriff erst, dass sie näherrückten, als er ihre weichen Seidenfahnen mit den wilden Tieren sah. Die drei Anführer waren an der Spitze und hinter ihnen kamen von den zehnmal hundert, die Diarmuids Listen nicht getötet hatten. Die drei giftigen Hunde, die Feuer nicht verbrannte, die Wasser nicht ertränkte und die Waffen nicht verwundeten, waren bei ihnen und wurden an Ketten zurückgehalten. Ein Krieger, der ganz und gar grüngekleidet war, war weit vor den anderen. Als Gráinne sie alle auf sich zukommen sah, wurde sie von Entsetzen und Hass erfüllt. Sie reichte Diarmuid seinen Dolch zurück.

„Mir scheint, du bringst diesem jungen Mann in Grün keine Liebe entgegen", sagte Diarmuid.

„Nein, das nicht", sagte sie. „Und im Moment wünschte ich, ich hätte niemals jemandem meine Liebe gegeben."

Diarmuid nahm den Dolch und schob ihn in die Scheide. Muadhán nahm Gráinne auf den Rücken und sie alle gingen eine Meile lang am Berg vorbei. Dann wurde einer der Hunde losgelassen, und Muadhán sagte Diarmuid, er solle mit Gráinne vorgehen und er werde den Hund anhalten. Sie gingen weiter und Muadhán zog ein Hundejunges aus dem Gürtel und setzte es auf seine Handfläche. Als der kleine Hund den giftigen Köter mit aufgerissenem Schlund auf sich zujagen sah, sprang er von Muadháns Handfläche und glitt durch die Kehle des anderen, bis er dessen Herz erreicht hatte und sich dann durch die Seite des Hundes fraß. Dann sprang er wieder auf Muadháns Handfläche und der andere Hund lag tot am Boden. Muadhán holte Diarmuid und Gráinne ein und nahm Gráinne auf den Rücken und sie wanderten eine weitere Meile am Berg entlang. Der zweite Hund wurde auf sie gehetzt.

„Mir scheint", sagte Diarmuid, „welchen magischen Schutz diese Bestien auch besitzen mögen, ihr Mund und Schlund sind nicht unverletzlich. Da wollen wir doch mal sehen, ob ich die Innereien des Hundes mit dem Roten Speer von Donn durchbohren kann."

Muadhán und Gráinne blieben stehen, um zuzusehen, wie Diarmuid den Speer warf. Er zielte sorgfältig und schleuderte den Speer in den Schlund des Hundes, und der Speer durchbohrte dessen Herz und Leib und kam durch den Nabel wieder heraus und nagelte die Bestie am Boden an.

Diarmuid ging zum Hund, zog den Speer heraus und kehrte zu Gráinne und Muadhán zurück. Der dritte Hund wurde auf sie gehetzt und Gráinne sagte: „Das ist der Schlimmste der Hunde und ich fürchte mich sehr vor ihm. Sei auf deiner Hut, Diarmuid." Schon bald hatte der Hund sie erreicht. Er sprang hoch über Diarmuids Kopf und hätte Gráinne fast erwischt, aber Diarmuid packte seine Hinterbeine und schlug seinen Kopf gegen einen Steinquader, so dass das Gehirn aus den Ohren und dem zerbrochenen Schädel quoll. Dann schob Diarmuid den Finger durch die seidene Wurfschlinge des Roten Speers und schleuderte ihn auf den jungen Krieger in Grün, der an der Spitze der Verfolger lief, und tötete ihn. Er warf den Speer auf den zweiten und dritten Mann und tötete sie ebenfalls. Die restlichen Grünen Krieger machten kehrt und flohen, als sie ihre Anführer fallen sahen. Abgesehen von denen, die mit einer Handbreit zwischen ihren Füßen und dem Boden, dem Holz oder dem Wasser liefen, überlebte niemand. Dear Dubh, Fionns Botin, floh in wilder Hast, während Diarmuid die Fremden tötete.

Diarmuid und Gráinne und Muadhán zogen mit dem Shannon auf ihrer linken Seite weiter, dann nahm Muadhán Abschied von ihnen, und der Verlust seiner Gesellschaft stimmte sie traurig.

„Nun", sagte Diarmuid, „wenn Fionn und die Fianna hören, wie die Grünen Krieger von den Kanalinseln hingemetzelt worden sind, werden sie zweifellos wütend sein. Sie werden uns verfolgen und uns einholen und uns die Köpfe abschlagen. Weißt du, dass Fionn mit seinem Zahn der Weisheit an seinem Daumen nagen kann, und dass er dann wissen wird, wo wir Halt machen?"

„Dann solltest du einen Sack mit Sand vom Strand füllen, und vielleicht wird Fionns Weisheit nicht soviel wert sein, wie du glaubst."

Er füllte einen Sack mit Sand und lud ihn sich auf den Rücken.

Sie zogen nach Süden, sie gingen rasch, bis die Dämmerung sich über sie senkte und sie einen Waldrand erreichten. Gráinne sagte Diarmuid, sie sei erschöpft, und sie müssten bis zum Morgen hier Rast machen. Da ließ Diarmuid den Sandsack fallen und setzte sich und seufzte tief und sagte: „Ich wäre lieber im edlen Haus des Fionn Mac Cumhaill als und müde und hungrig hier." Nach kurzer Zeit ging er in den Wald, tötete ein Reh und brachte es zu Gráinne zurück. Dann machte er aus Reisig aus dem Wald ein Feuer und schon bald war die Beute gebraten.

Sie aßen sich satt, dann nahm Diarmuid sein Schwert und schnitt Binsen, um für Gráinne ein Bett zu machen. Er machte das Bett am Ufer des Baches, der durch den Wald floss, und sagte zu Gráinne: „Dieses Bett ist für dich. Du kannst darin schlafen, und ich werde Wache halten, für den Fall, dass jemand uns verfolgt."

Gráinne ging zu ihrem Bett und sagte zu Diarmuid: „Es gibt keinen Grund, warum du nicht in dieses Bett kommen solltest, denn bis der Tag anbricht, besteht für uns keine Gefahr."
„Ich werde nicht kommen", sagte Diarmuid. „Du kannst tief und fest schlafen, und ich werde auf dem anderen Bachufer auf diesem Sandsack sitzen."

Die Suche

Dear Dubh war inzwischen bei Fionn und der Fianna angekommen, ihre Knie wollten sie nicht tragen, ihre Augen weinten und ihre Zunge plapperte. Als Fionn sie in diesem Zustand erblickte, fragte er, was passiert sei. Sie stammelte die „großen, entsetzlichen, grauenhaften" Nachrichten darüber aus sich heraus, wie Diarmuid die Grünen Krieger und ihre giftigen Hunde gemetzelt und wie selbst sie nur mit Mühe entkommen war.
„Und welchen Weg hat Diarmuid genommen?", fragte Fionn.
„Das weiß ich nicht."
Fionn wurde von wildem Zorn erfüllt und er befahl der Fianna, ihm unverzüglich Diarmuids Kopf zu bringen.
„Und wo werden wir Diarmuids Kopf finden?", fragte Oisín.
„Findet ihn einfach", sage Fionn und nagte an seinem Daumen, bis er erfuhr, dass Gráinne auf Binsen lag und Diarmuid auf Sand vom Meeresstrand. Als er das so deutete, dass Diarmuid und Gráinne nicht zusammen waren, verflog sein gewaltiger Zorn, und er sagte, sie könnten bis zum nächsten Morgen ruhen. Am späten Vormittag rief er dann die sieben Abteilungen der Fianna zusammen und sie zogen auf der Suche nach Diarmuid am Strand entlang, aber dabei kam nichts heraus. Als sie eines Tages an der Südküste Irlands suchten, sagte Fionn zur Fianna, dass sie sie keinesfalls finden könnten. Worauf Conán sprach:
„Wir haben jedes Stück der Küste abgesucht, und Diarmuid ist nicht dort, wenn wir das richtig sehen. Also sollten wir jetzt nach Hause gehen, aber du hast gesagt, Fionn, das Gráinne auf Binsen lag, und zwischen hier und dem Palast im Norden gibt es fast überall Binsen. Wir sollten nach Norden gehen und zwischen den Binsen suchen, und wer weiß, ob wir da nicht Gráinne finden?"

Die ganze Fianna stimmte zu und sie verließen die Küste und gingen nach Norden in Richtung des Palastes. Sie durchsuchten alle Orte, wo es Binsen gab, doch sie konnten Gráinne nicht finden. Später legten Diarmuid und Gráinne Seetang auf einen Dolmen, unter dem sie schliefen, und als Fionn an seinem Daumen nagte und erfuhr, dass sie unter Seetang lagen, ging er für eine Weile davon aus, dass sie ertrunken waren.

Gráinnes Klagen

Bei Sonnenaufgang sagte Diarmuid zu Gráinne: „Du hast tief geschlafen", sprach er. „Jetzt ist es Zeit zum Aufbruch. Wir werden ein wenig mehr von diesem Reh essen und dann diesen Ort verlassen." Als sie das Reh verzehrt hatten, gingen sie wieder los, und Diarmuid trug den Sandsack auf dem Rücken. Gegen Mittag mussten sie durch einen Sumpf waten, und Gráinne bat Diarmuid, sie auf den Rücken zu nehmen, da sie erschöpft war. Aber Diarmuid sagte ihr, das sei unmöglich, „denn", sagte er, „ich habe schon den Sack auf dem Rücken, und es ist kein kleiner Sack."

In ihrer Zeit zusammen hatte Diarmuid durchaus nicht vor, etwas zu tun, was Gráinnes guten Ruf zerstören könnte, denn er brachte Fionn große Achtung entgegen, obwohl Gráinne ihn oft herausforderte. Als sie nun weitergingen, glitt Gráinnes Fuß in einer Pfütze aus und das Wasser spritzte über ihr Bein. Diarmuid schaute sich um, als er das hörte, doch Gráinnes Bein war schon wieder trocken. Sie sagte: „Dieser Spritzer ist kühner als Diarmuid", aber Diarmuid stellte sich taub.

Gegen Abend erreichten sie den Ort, der Gleann Daimh genannt wird. Diarmuid machte am Rand des Tales für Gráinne ein Bett aus Binsen. „Du legst dich dorthin", sagte er, „und ich mache mir ein Bett auf der anderen Seite des Tales." Das hörte Gráinne gar nicht gern, denn sie würde nicht auf die andere Seite des Tales zu Diarmuid gelangen können. Sie hatte gedacht, sie würden beide auf derselben Seite bleiben, aber so kam es nicht, denn Diarmuid ging auf die andere Seite des Tales und nahm den Sandsack mit.

Er legte sich dort in einen Felsspalt und nahm den Sandsack dabei als Kopfkissen. Fionn Mac Cumhaills Männer kehrten derweil zurück, ohne

Nachrichten oder Gerüchte über Diarmuid und Gráinne gehört zu haben. Fionn nagte wieder an seinem Daumen und erfuhr, dass Diarmuid auf Sand vom Meeresstrand schlief und Gráinne auf einem Bett aus Binsen. Fionn befahl seinen Leuten, das Ufer sorgfältiger abzusuchen, denn Diarmuid sei dort, ohne dass sie ihn bemerkt hätten. Sie riefen ihre Hunde zusammen und Fionn ging mit ihnen los.

Als Gráinne am Morgen aufwachte, ging sie auf die andere Seite des Tales, um Diarmuid auf die Probe zu stellen und sich zu beschweren, weil sie Hunger habe und er sie vernachlässige.

„Du hast mir wieder Speis noch Trank gegeben, und ich hätte nicht übel Lust, dich zu verlassen."

„Das habe ich dir noch in Tara gesagt, aber einer stolzen Frau kann man keinen Rat erteilen. Es soll dir aber nicht an Speise fehlen, solange du bei mir bist."

Die gütige alte Frau

Dann begab Diarmuid sich in die Hügel zur Jagd, um Gráinne etwas vorsetzen zu können. Aber er konnte kein Tier finden, das er töten könnte, und als er in das Tal zurückkehrte, wo Gráinne auf ihn wartete, traf er auf eine kleine Frau. Sie war in einen langen zerfetzten Umhang gehüllt, der über den Boden fegte.

Sie begrüßte ihn sofort und fragte ihn, was ihn hergeführt habe. Diarmuid erzählte alles, was ihm widerfahren war, und dass er nichts erjagt habe, um Gráinnes Hunger zu stillen. Die Frau sprach: „Diarmuid Ó Duibhne, ich werde nicht zulassen, dass du oder Gráinne von Hunger oder Durst geplagt werdet. Komm mit mir zu Gráinne, denn ich habe vor, euch beiden Gutes zu tun."

Sie gingen zusammen zum Tal. Die kleine Frau legte ihren Umhang ab und breitete ihn auf dem Boden auf, und alles an Speis und Trank, was das Herz begehrte, erschien darauf. Sie aßen und tranken, bis ihr Hunger und ihr Durst gestillt waren, dann bedankte Diarmuid sich herzlich bei der kleinen Frau für diese Wohltaten. Er bat sie um ihren Namen und sagte, vielleicht werde er ihr diese gute Tat vergelten können. „Mein Name ist Gütige Alte Frau", sagte sie. „Und, Diarmuid Ó Duibhne, ich habe deine Mutter Cróchnad gut gekannt. Sie war oft im Wald, als sie schwanger war, denn sie war nicht bei Verstand und sie schwebte durch die wilden Tiere des Waldes oft in großer Gefahr, wenn nicht jemand auf sie aufpasste."

Mehr sagte sie nicht, sie legte ihren Umhang wieder um und verließ sie alsbald. Diarmuid und Gráinne waren für den Rest des Tages glücklich, und als es dunkel wurde, gingen sie schlafen, jeweils auf einer anderen Seite des Tales.

Als Diarmuid morgens erwachte, rief er Gráinne mit lauter Stimme zu, sie solle sein Hemd waschen. Dann trat er in den Eingang der Felsspalte, in der er geschlafen hatte. Er nahm das Hemd in die rechte Hand und warf es auf Gráinnes Bett. Gráinne erhob sich, nahm das Hemd und warf es zurück auf Diarmuids Bett und besagte, sie habe es nun wirklich nicht nötig, ihm Magddienste zu leisten. Diarmuid wurde sehr wütend, als er diese Antwort erhielt. Er nahm einen Felsbrocken und schleuderte ihn durch das Tal auf Gráinne, in der Hoffnung, sie damit zu töten. Der Stein landete dicht bei ihr, traf sie glücklicherweise jedoch nicht.

In diesem Moment trat die Gütige Alte Frau neben Diarmuid und fragte: „Dairmuid Ó Duibhne, warum bist du so zornig?"

„Dazu habe ich guten Grund", sagte Diarmuid. „Ich habe Gráinne gebeten, mein Hemd zu waschen. Das wollte sie nicht. Sie sagte, das habe sie nicht nötig. Ich finde, das habe ich nicht verdient, denn so lange wir zusammen sind, habe ich alles für sie getan. Ich habe sie nicht hungrig oder durstig sein lassen und habe sie so lange schlafen lassen, wie sie wollte."

„Du musst sanft mit Gráinne umgehen", sagte die Gütige Alte Frau. „Komm mit mir durch das Tal zu ihr und ich werde Frieden zwischen euch stiften. Wenn der Friede gestiftet ist, musst du Gráinne einen Kuss rauben."

Und so kam es dann auch. Sie gingen durch das Tal zu Gráinne. Dann breitete die Gütige Alte Frau auf dem Boden ihren Umhang aus und auf dem Umhang erschien alles an Speis und Trank, was das Herz begehrt. Sie befahl Diarmuid und Gráinne, beim Essen dicht nebeneinander zu sitzen. Das taten sie, und nach dem Essen stiftete die Gütige Alte Frau zwischen dem unglücklichen Paar

Frieden. Dann raubte Diarmuid Gráinne einen Kuss und danach hob die Gütige Alte Frau ihren Umhang vom Boden auf und war verschwunden.

Sie verbrachten den Tag miteinander und es heißt, Gráinne habe Diarmuids Hemd gewaschen. Aber als es dunkel wurde, ging Diarmuid zu seinem Bett auf der anderen Seite des Tales. Sie blieben ziemlich lange in diesem Tal, und immer brachte die Gütige Alte Frau ihnen Speis und Trank. Der Geschichtenerzähler, der diese Geschichte verbreitet hat, konnte nicht sagen, was sonst noch passierte oder wieviel Zeit genau sie dort verbrachten, aber er sagte, als sie das Tal dann wieder verließen, sei Gráinne schwanger gewesen. Mehrere Jahrhunderte später stellte ein Dichter sich vor, was sie in dieser Zeit wohl zueinander gesagt hatten, und er drückte das so aus:

> Gráinne sprach: Ich kenne einen Mann
> den ich für immer ansehen möchte,
> der Lachen in meine Welt bringt
> Freude und Liebe und Zärtlichkeit.

> Was du getan hast, ist gut, Gráinne.
> Besser als ein Königreich ist dieses:
> zartes Fleisch der Waldschnepfe
> und ein Schluck feinen glatten Mets.

Die wunderbaren Vogelbeeren

Sie gingen weiter nach Dubhros Ó bhFiachrach in Süd-Galway, wo Diarmuid mitten im Wald eine Schutzhütte errichtete, nachdem er sich mit dem Searbhán Lochlannach (der Bittere Krieger), der dieses Gebiet und den wunderbaren Eberschenbaum, der dort wuchs, bewachte, geeinigt hatte. Der Searbhán Lochlannach erlaubte ihnen das Bleiben unter der Bedingung, dass sie die Eberschenbeeren nicht anrührten.

Um diese Zeit sahen Fionn und die Fianna fünfzig Krieger auf sich zukommen, und die beiden ganz vorn waren besonders groß und reich geschmückt.

„Wisst ihr, wer diese Männer sind?", fragte Fionn die Fianna.

„Weißt du das nicht?", fragten sie.
„Das nicht, aber sie sehen aus wie Feinde."

Die Fremden kamen näher und begrüßten Fionn und seine Leute, und Fionn fragte die Anführer nach ihren Namen.
„Wir sind Aonghus Mac Art Óg und Aodh Mac Anghalach vom Clan Morna", sagten sie. „Unsere Väter haben in der Schlacht von Cnucha gekämpft, wo dein Vater, Cumhaill, ums Leben kam, und auch unsere Väter fielen im Kampf. Wir lagen damals im Leib unserer Mütter, Frauen der Tuatha Dé Dannaan. Wir sind gekommen, um Frieden zu suchen, und um die Plätze unserer Väter und Großväter in der Fianna einzunehmen."
„Die würde ich euch geben", sagte Fionn. „Wenn ich von euch das Wergeld für meinen Vater bekäme."
„Wir haben kein Gold oder Silber oder Reichtum oder weltliche Besitztümer, keine Kühe oder Herden, die wir dir geben könnten, Fionn."
„Verlange von ihnen keine Entschädigung, Fionn", sagte Oisín. „Der Tod ihrer Väter ist Entschädigung genug für den Tod des deinen."
„Mir scheint, Oísín", sagte Fionn, „dass es leicht wäre, mit dir eine Entschädigung auszumachen, wenn ich getötet würde. Ich nehme niemanden in die Fianna auf, der mich nicht für meinen Vater entschädigt."
„Und welche Entschädigung verlangst du, Fionn?", fragte Aonghus Mac Art Óg.
„Ich verlange nur den Kopf eines Helden oder von jedem von euch eine Handvoll Vogelbeeren von Dubhrós Ó bhFiachrach."
„Ich rate euch, Söhne von Morna", sagte Óisín, „geht zurück nach Hause und sucht keinen Frieden mit Fionn, denn ihr könnt ihm wohl doch nicht geben, was er verlangt. Der Kopf, den er sich wünscht, gehört Diarmuid Ó Duibhne, und Diarmuid wird ihn nicht so einfach hergeben."
„Was sind das für Beeren, die er da verlangt?", fragten die Leute von Morna.
„Nichts wäre für euch schwieriger zu erlangen", sagte Oísin. „Es kam zu einem Streit zwischen den beiden Töchtern des Manannán, darüber, wer der bessere Werfer sei, Aoifes Liebhaber, Mac Lughach von der Fianna, oder Áines Liebhaber, Lir von den Sídh Fionannachadh. Also wurde zwischen der Fianna und den Tuatha Dé Dannaan am Loch Léin in Kerry ein Hurlingmatch arrangiert. Alle Edlen und Helden der Dannaan kamen zum Zuschauen und brachten Proviant aus dem fruchtbaren Tír Tairngire, unter anderem rote Nüsse, die

Früchte des Erdbeerbaums, Vogelbeeren und süße Beeren, und als sie durch Dubhros Ó bhFiachrach zogen, fiel eine Beere zu Boden und daraus wuchs ein Baum. Die Beeren dieses Baumes haben viele Fähigkeiten. Niemand, der drei Beeren isst, ist krank oder ungesund, in ihnen steckt die Fröhlichkeit des Weines und die Freude eines Festes, und wer immer eine der Beeren isst, und wäre er hundert Jahre alt, wird wieder dreißig.

Als die Tuatha Dé Dannaan die wunderbaren Eigenschaften dieser Beeren entdeckten, musste einer ihrer Krieger den Baum bewachen, ein Riese namens Searbhán Lochlannach, der große Knochen und eine Lederhaut hat. Feuer brennt ihn nicht, Wasser ertränkt ihn nicht, und Waffen verwunden ihn nicht. Er hat nur mitten auf der Stirn ein Auge. Ein Eisenring umschließt seinen Leib und eine Eisenkeule hängt an diesem Ring. Nur mit drei Schlägen mit dieser Keule kann er getötet werden. Nachts schläft er oben in der Eberesche und tagsüber steht er zu ihren Füßen Wache. Das sind die Beeren, die Fionn von euch verlangt, und es wird nicht leicht sein, sie zu erlangen. Der Searbhán Lochlannach hat die Umgebung verwüstet und keiner von der Fianna traut sich noch, dort zu jagen."

Aodh sagte, er wolle lieber die Beeren holen, als wieder nach Hause zu gehen, deshalb machten er und Aonghus Mac Art Óg sich auf den Weg nach Dubhros Ó bhFiachrach. Als sie bei diesem Wald ankamen, fanden sie Diarmaids Spuren und folgten ihnen zu Diarmaids Schutzhütte. Als Diarmuid sie sah, legte er eilends die Hände auf seine Waffen und fragte nach den Namen der Männer.

„Wir sind Aonghus Mac Art Óg und Aodh Mac Anghalach vom Clan Morna", war die Antwort.

„Und was wollt ihr hier?"

„Fionn Mac Cumhaill schickt uns, um deinen Kopf zu holen", sagten sie, „wenn du Diarmuid Ó Duibhne bist."

„Der bin ich."

„Na, entweder das, oder jeder von uns muss eine Handvoll Beeren vom Ebereschenbaum von Dubhros holen, als Wergeld für den Tod seines Vaters."

„Beides wird nicht leicht für euch sein", sagte Diarmuid. „Und der Tod eurer Väter sollte Fionn mehr als ausreichend für den Tod seines Vaters entschädigen."

„Was sind das für Beeren?", fragte Gráinne.

Diarmuid erklärte, welche Eigenschaften die Beeren besaßen, und er beschrieb den Searbhán Lochlannach, der ihnen erlaubt hatte, im Wald zu bleiben und zu jagen, wenn sie nur die Beeren nicht pflückten.

„Ich schwöre", sagte Gráinne. „Selbst, wenn die Söhne von Morna nicht gekommen wären, um diese Beeren zu holen, wollte ich doch nie wieder in deinem Bett liegen, bis ich nicht eine von ihnen gegessen hätte. Ich bin schwanger und kann nicht leben, wenn ich diese Beeren nicht kosten darf."

„Bringe mich nicht dazu, den Frieden mit dem Searbhán Lochlannach zu brechen", sagte Diarmuid. „Es ist nicht wahrscheinlich, dass er sie mir überlassen würde."

„Wir gehen mit dir", sagten die Söhne von Morna.

„Tut das nicht", sagte Diarmuid. „Wenn ihr diesen Riesen mit eigenen Augen sähet, wäre das sicher euer Tod."

Diarmuid ging nun zum Searbhán Lochlannach, der gerade schlief, und versetzte ihm einen Tritt. Der Riese hob den Kopf, sah Diarmuid an und fragte: „Willst du den Frieden zwischen uns brechen, Ó Duibhne?"

„Das nicht", sagte Diarmuid. „Aber Gráinne die Tochter des Cormac ist hochschwanger und sehnt sich nach diesen Beeren, und ich wollte fragen, ob ich eine Handvoll von ihnen haben kann."

„Und wenn du außer diesem nie andere Kinder haben könntest", sage der Riese, „und wenn auch Cormac Mac Airt außer diesem keine Nachkommen hätte, so schwöre ich, auch wenn diese Beeren das einzige wären, das für eine gesunde Geburt dieses Kindes sorgen könnte, so würde Gráinne doch nie auch nur eine von ihnen kosten."

„Ich will hier nicht lügen", sagte Diarmuid. „Ich werde die Beeren holen, und sei es mit Gewalt."

Als er das hörte, erhob sich der Riese, riss sich das Schwert von der Schulter und schlug dreimal so hart auf Dairmuid ein, dass dessen Schild in Stücke brach. Als Diarmuid sah, dass der Riese nicht richtig aufpasste, sprang er plötzlich auf ihn zu und packte ihn mit beiden Händen am Brustpanzer. Er hob den Riesen hoch und wirbelte ihn herum, griff unter die Brustplatte und zog an der Eisenkette, die den Leib des Riesen umgab, bis er die Eisenkeule in der Hand hatte. Dann traf er den Riesen mit drei harten, wohlgezielten Schlägen, und das Gehirn des Riesen quoll aus seinen Ohren und den Löchern in seinem Kopf und er lag tot und leblos da.

Die beiden Söhne von Morna hatten alles gesehen, und als der Riese fiel, kamen sie hervor. Diarmuid setzte sich müde und erschöpft nach dem Kampf nieder und sagte zu ihnen: „Zieht den Leichnam ins Gestrüpp, damit Gráinne ihn nicht sieht, und dann bringt sie her."

Sie verbargen den Leichnam im Wald und bedeckten ihn mit Erde und gingen Gráinne holen, und als sie dort ankam, sagte Diarmuid zu ihr: „Dort sind die Beeren die du begehrt hast. Also greif zu."

„Ich will nur die Beeren, die du mit eigenen Händen pflückst", sagte sie.

Also stand Diarmuid auf und pflückte Beeren für Gráinne und für Aodh und Aonghus, und sie aßen, soviel sie wollten, bis sie satt waren. Dann pflückte Diarmuid so viele, wie die beiden Männer tragen konnten, und sagte: „Söhne von Morna, bringt diese zu Fionn und sagt ihm, ihr hättet den Searbhán Lochlannach getötet."

„Wir schwören", sagten die beiden, „dass wir ihm nicht einmal diese Beeren hier gönnen."

Sie begaben sich zu Fionn und Diarmuid und Gráinne stiegen auf die Eberesche zum Bett des Searbhán Lochlannach und fanden die Beeren an den unteren Zweigen bitter im Vergleich zu denen, die im Wipfel wuchsen.

Die Söhne von Morna trafen bei Fionn ein und er bat sie, ihm die Geschichte von Anfang bis Ende zu erzählen.

„Wir haben den Searbhán Lochlannach getötet", sagten sie. „Und wir haben dir die Beeren von Duibhros Ó bhFiachrach als Wergeld für deinen Vater gebracht, in der Hoffnung, dass du mit uns Frieden schließt."

Sie legten die Beeren in Fionns Hand und er roch daran und sagte: „Das sind wirklich die Beeren aus Dubhros Ó bhFiachrach, aber ich schwöre, dass Diarmuid Ó Duibhne sie gepflückt hat, denn ich erkenne an ihnen Diarmaids Geruch. Und ich schwöre, dass er den Searbhán Lochlannach getötet hat. Ich will sehen, ob ich ihn bei dem Baum finden kann." Er rief die sieben Abteilungen der Fianna zusammen und begab sich nach Dubhros Ó bhFiachrach, und er folgte der Spur von Diarmuid und Gráinne bis zum Fuß der Eberesche. Sie fanden dort niemanden, der Wache stand, und sie aßen einige Beeren und fanden sie köstlich. Fionn sagte, er wolle unter dem Baum ausruhen, wegen der Hitze, und weil, wie er sagte: „Ich weiß, dass Diarmuid oben im Baum sitzt."

„Es ist ein Zeichen von Eifersucht, Fionn", sagte Oisín, „dass du annimmst, Diarmuid könnte oben im Wipfel zittern, weil er weiß, dass du am Fuß wartest."
Fionn ließ sich ein Schachbrett bringen und sagte zu Oísín: „Spielen wir eine Partie."
Oisín, Socar, Mac Lughach und Diorraing setzten sich Fionn gegenüber an das Schachbrett. Sie spielten weise und klug, bis Fionn mit dem nächsten Zug gewonnen hätte, und er sagte: „Du kannst nur einen Zug machen, Oisín, um das Spiel nicht zu verlieren, und ich fordere alle aus deiner Mannschaft heraus, dir diesen Zug zu nennen."
Diarmuid sah sich das Spiel aus dem Baumwipfel an. Da er selbst ein tüchtiger Spieler war, konnte er sehen, welcher Zug für Oisín die Partie retten würde, und er sagte, nur für Gráinnes Ohren: „Es ist wirklich eine Schande für dich, Oisín, in dieser Klemme zu stecken, und ich kann dir nicht raten."
„Es ist schlimmer für dich", sagte Gráinne, „auf dem Baum gefangen zu sein, umgeben von den sieben Abteilungen der Fianna, die dich töten sollen."
Diarmuid pflückte eine Beere und ließ sie auf die Schachfigur fallen, die Oisín bewegen sollte, und Oisín nahm diese Figur und die Partie ging weiter. Doch schon bald trennte abermals nur noch ein Zug Fionn vom Sieg, und das sah Diarmuid und er ließ eine andere Beere auf die Figur fallen, die geschlagen werden sollte, und Oisín schlug diese Figur und die Partie stand wieder gleich. Ein drittes Mal wurde Oisín in die Enge getrieben und Diarmuid ließ eine Beere fallen und zeigte ihm so den Zug und gewann für Oisín die Partie. Alle jubelten Oisín zu, und Fionn sagte: „Es wundert mich gar nicht, Oisín, dass du die Partie gewonnen hast, bei aller Mühe, die Oscar sich gegeben hat, und der Umsicht des Diorraing und der Geschicklichkeit des Mac Lughach und durch Diarmaids handfesten Rat."
„Du bist fürwahr von Neid zerfressen, Fionn", sagte Oscar, „wenn du annimmst, Diarmuid zittere im Baumwipfel, in dem Wissen, dass du hier am Fuße wartest."
„Welcher von uns hat recht, Ó Duibhne", rief Fionn. „Ich oder Oscar?"
„Deine Ahnungen trügen dich eben nie, Fionn", sagte Diarmuid. „Gráinne und ich sitzen hier im Bett des Searbhán Lochlannach."
Und mit diesen Worten packte Diarmuid Gráinne und gab ihr vor Augen von Fionn und der Fianna drei Küsse.

„Es gibt nichts Schlimmeres", sagte Fionn, „als dass die sieben Abteilungen der Fianna und die Männer Irlands gesehen haben, wie du mir in Tara Gráinne weggenommen hast, und dabei warst du in jener Nacht mein Leibwächter, aber für diese drei Küsse werde ich deinen Kopf holen."

Dann trug Fionn seinen vierhundert ausländischen Söldnern auf, Diarmuid zu töten, und Fionn stellte sie im Kreis um den Ebereschenbaum auf und befahl ihnen, Diarmuid nicht entkommen zu lassen. Er versprach, seine eigenen Waffen und den Platz ihrer Väter und Großväter in der Fianna allen, die auf den Baum steigen und Diarmaids Kopf holen würden.

Garbh von Sliabh gCua sagte, Diarmuids Vater habe seinen eigenen Vater getötet und er werde sich deshalb an Diarmuid rächen. Er stieg auf den Baum.

Aonghus von Brugh sah aus der Ferne die Gefahr, in der Diarmuid schwebte, und kam ihm zu Hilfe. Als Garbh oben in der Eberesche ankam, gab Aonghus ihm die Gestalt Diarmuids und versetzte ihm einen Tritt, der ihn mitten zwischen die Fianna fallen ließ, und Fionns ausländische Söldner töteten ihn. Als er tot war, nahm er sein eigenes Aussehen wieder an, und Fionn und die Fianna erkannten ihn.

Dann sagte Garbh von Sliabh Crot, er werde seinen Vater an Diarmuid rächen, und er stieg auf den Baum. Aonghus ließ ihn Diarmaids Gestalt annehmen und versetzte ihm einen Tritt, und er stürzte hinab zwischen die Fianna und wurde wie der Erste getötet.

Dann sagte Garbh von Sliabh Claire, Diarmuids Vater, Donn Ó Donnachdha, habe seinen Vater getötet, und deshalb werde er sich an Diarmuid rächen. Er stieg auf den Baum und Diarmuid versetzte ihm einen Tritt und Aonghus gab ihm Diarmaids Aussehen und er wurde getötet. Insgesamt schickte Fionn neun Garbhs von der Fianna in den Baum, und als der letzte von ihnen tot war, sagte Aonghus, er werde Gráinne nach Brugh bringen. Diarmuid sagte, wenn er überlebte, werde er ihnen folgen, und wenn Fionn ihn tötete, solle Gráinne zu ihrem Vater nach Tara zurückkehren und ihr Kind gut erziehen.

Aonghus nahm Abschied von Diarmuid und er und Gráinne verließen den Ort ungesehen von Fionn und der Fianna. Dann teilte Diarmuid mit lauter, klarer Stimme mit, er wolle zu Fionn und der Fianna heruntersteigen.

„Wenn du das früher getan hättest", sagte Fionn, „hätten wir der Sache schon längst ein Ende setzen können."

„Ich komme nicht herunter, um mit dir Frieden zu schließen", sagte Diarmuid. „Und ich will hier nicht weggehen, ohne dass du es weißt."
Als er das hörte, stellte Fionn die sieben Abteilungen der Fianna um den Baum herum auf und sie banden ihre Schildriemen aneinander, so dass Diarmuid nicht zwischen ihnen durchschlüpfen könnte. Als Diarmuid sah, wie sie Hand in Hand den Baum umstellten, stützte er sich auf seinen Speerschaft und sprang leichtfüßig über ihre Köpfe aus dem Kreis. Dann teilte er Fionn und der Fianna mit, er sei bereits hinter ihnen, und er warf sich seinen Schild über die Schulter und ging los. Die sieben Abteilungen der Fianna schleuderten ihre Speere nach ihm, aber er war schon zu weit weg. Er folgte den Spuren von Aonghus und Gráinne nach Brugh am Boyne und kam abends dort an. Gráinne und Aonghus waren außer sich vor Freude, als sie ihn sahen, und sie hielten ein Fest ab, das bis zum frühen Morgen weiterging.

Friede

Aonghus erhob sich am folgenden Tag in der Frühe und begab sich zu Fionn und der Fianna, um Fionn zu fragen, ob er mit Diarmuid Frieden schließen wolle. Fionn sagte, es gebe nichts, was Diarmuid verlangen könnte, und was er ihm nicht geben würde, um Frieden zwischen ihnen zu schließen. Dann ging Aonghus zu Cormac Mac Airt und wollte Frieden zwischen ihm und Dairmuid schließen, und Cormac sagte, er werde den Frieden gewähren. Dann ging Aonghus zu Diarmuid und bat ihn, mit Fionn und Cormac Frieden zu schließen. Diarmuid sagte, er werde unter gewissen Bedingungen Frieden schließen.
„Was sind das für Bedingungen?", fragte Aonghus.
„Dass ich die Baronie von Corca Dhuihbne erhalte, die meinem Vater gehört hat, und dass Fionn dort nicht jagen darf, und dass die Baronie dem König von Irland keine Steuern oder Tribute zahlen muss. Ich möchte zudem die Baronie vom Berg Dioghaus in Leinster, denn es ist die beste Baronie in Irland, und ich will die Baronie von Céis Chorainn in Sligo vom König von Irland als Mitgift seiner Tochter."
„Würden diese Bedingungen zwischen dir und Fionn und Cormac Frieden bringen, wenn sie erfüllt würden?", fragte Aonghus.

„Es wäre leichter für mich, Frieden zu schließen, wenn sie erfüllt würden", sagte Diarmuid.

Also ging Aonghus zu Cormac und zu Fionn und sie gingen auf diese Bedingungen ein. Diarmuid wurde alles verziehen, was er ihnen in seiner Zeit als Vogelfreier angetan hatte, und sie kamen überein, für sechzehn Jahre mit Diarmuid Frieden zu halten.

Diarmuid und Gráinne ließen sich in Ráth Ghráinne in der Baronie von Céis Chorainn in Sligo nieder, denn die lag weit von Fionn und Cormac entfernt. Dort zogen sie ihre Söhne Eochaid, Donnachd und Aodh und ihre Tochter Eáchtach auf, deren Name „tödlich, mächtig, außergewöhnlich" bedeutet. Wir wissen nicht, wo die Söhne lebten oder was sie ausrichteten, aber Diarmuid gab Eachtach die Baronie vom Berg Dioghais in Leinster und sie lebte dort in Luxus mit Gastwirten, Köchen, jungen Kriegern und Lehrern und Bediensteten. Es heißt, kein Mann in Irland habe mehr Gold, Silber, Kühe und Viehherden besessen als Diarmuid.

Der Friede wurde „für lange Zeit" gehalten, auch wenn wir nicht wissen, wie lange, aber es war wohl ein Jahr vor Ende der vereinbarten sechzehn Jahre, dass Gráinne eines Tages zu Diarmuid sagte: „Wo wir so viele Verwandte haben und unser Haushalt und unser Reichtum so groß sind, ist es nicht eine Schande, dass die beiden besten Männern Irlands, Fionn Mac Cumaill und Cormac Mac Airt, niemals bei uns zu Gast sind?"

„Warum sagst du das?", fragte Diarmuid. „Die sind meine Feinde."

„Ich würde gern ein Fest für sie halten, damit sie dich lieber mögen."

„Das kannst du tun", sagte Diarmuid.

„Vielleicht wäre es besser, zwei Feste zu haben", sagte Gráinne. „Eins hier und das andere in Eachtachs Haus. Ich werde Eachtach bitten, ein Fest für Fionn und den König von Irland zu halten, und wer weiß, vielleicht findet sie dabei einen passenden Gatten."

So wurde es beschlossen und Gráinne und ihre Tochter arbeiteten ein ganzes Jahr an den Vorbereitungen für die beiden Feste.

Die Eberjagd

Am Ende dieses Jahres schliefen Diarmuid und Gráinne in Ráth Ghráinne, als Diarmuid nachts im Schlaf einen Hund bellen hörte, und sofort war er wach. Gráinne packte ihn und fragte, was er gehört habe.

„Da hat ein Hund gebellt", sagte er. „Und es ist seltsam, das nachts zu hören."

„Sei du nur ganz ruhig", sagte Gráinne. „Das waren die Tuatha Dé Dannaan, weil Aonghus dich unter seinen Schutz gestellt hat. Leg dich hin und achte nicht darauf."

Diarmuid legte sich wieder hin, war aber noch nicht wieder eingeschlafen, als er abermals den Hund bellen hörte. Er stand auf und Gráinne hielt ihn fest und sagte ihm, er solle nachts nicht auf das Hundegebell zugehen. Diarmuid legte sich wieder hin und versank in tiefem Schlaf, aber das Bellen des Hundes weckte ihn ein drittes Mal. Sowie es Tag geworden war, verließ er das Bett und sagte, er werde jetzt dem Hundegebell entgegen gehen, jetzt, wo der Morgen soweit fortgeschritten sei.

„Dann nimm Móralltach, das Schwert des Manannán mit", sagte Gráinne. „Und den Roten Speer des Donn."

„Das werde ich nicht", sagte Diarmuid. „Ich nehme den Beagalltach und den Gelben Speer des Skill und meine Hündin Mac an Chuill an einer Kette."

Diarmuid verließ Ráth Ghráinne und machte keine Pause, bis er den Gipfel des Beann Ghulban in Sligo erreicht hatte, wo er Fionn ganz allein vorfand. Ohne zu grüßen fragte Diarmuid, ob Fionn diese Jagd arrangiert habe.

Fionn sagte, nicht er habe die Jagd begonnen, „aber", sagte er, „ich bin mit einer Gruppe von Leuten hergekommen, und einer der Hunde fand die Fährte eines wilden Ebers und riss sich los und konnte nicht wieder eingefangen werden. Es war der wilde Eber von Beann Ghulban. Es hat keinen Sinn, dass die Fianna ihn jagt, denn er ist ihnen schon oft entkommen und hat heute Morgen

schon fünfzig von ihnen getötet. Und hier kommt der Eber jetzt den Berg hinauf auf uns zu und die Fianna flieht vor ihm. Wir sollten den Berg also verlassen."
Diarmuid sagte, er werde den Berg nicht aus Angst vor dem Eber verlassen.
„Das ist aber nicht richtig von dir", sagte Fionn. „Denn du stehst unter Geasa, den Eber nicht zu jagen."
„Warum sind mir diese Geasa auferlegt worden?", fragte Diarmuid.
„Das will ich dir sagen", sagte Fionn. „Eines Tages, als ich im weiten Allen war, mit den sieben Abteilungen der Fianna, kam Bran Beag Ó Buadháin zu mir und fragte, ob ich vergessen hätte, dass ich unter dem Geis stand, keine zehn Nächte in Allen zu verbringen, ohne dazwischen für eine Nacht fortzugehen. Niemand außer mir in der Fianna stand unter diesem Geis. Als die anderen sich also zur Ruhe begaben, blieb ich allein zurück, abgesehen von deinem Vater und einigen Gelehrten und Dichtern und unseren Hunden. Ich fragte, wo wir die Nacht verbringen könnten, und dein Vater, Donn Ó Donnchadha, sagte, er könne mir für die Nacht Obdach gewähren.

Weißt du noch, sagte dein Vater zu mir, als ich von dir und der Fianna verbannt war, hat Cróchnad, eine Frau aus der Curragh, mir einen Sohn geboren, und Aonghus von Brugh hat ihn als seinen Pflegesohn aufgezogen. Und dann gebar Cróchnad dem Roc Mac Diochmmarc, Aonghus' Verwalter in Brugh, einen Sohn. Roc bat mich, seinen Sohn Gulban aufzuziehen, aber ich sagte, es sei unter meiner Würde, den Sohn eines Dieners aufzuziehen. Mein eigener Sohn, Diarmuid, ist bei Aonghus, und ich habe ihn seit einem Jahr nicht mehr gesehen. Lass uns nach Brugh gehen und dort die Nacht verbringen."

Fionn erzählte weiter: „Donn und ich gingen in dieser Nacht zum Haus des Aonghus, und da warst du, Diarmuid, und da waren auch Roc und sein Sohn. Aonghus liebte dich sehr, aber seine Leute mochten Gulban lieber, und das erregte den Neid deines Vaters.

Es kam zum Kampf zwischen zwei meiner Hunde, und die Frauen und Kinder liefen weg, während die Männer versuchten, die Hunde zu trennen. Rocs Sohn wollte fliehen, indem er sich zwischen die Knie deines Vaters zwängte, und dein Vater presste die Knie zusammen und quetschte ihn zu Tode. Als Roc sah, dass Gulban tot wer, dachte er, meine Hunde hätten ihn getötet, und er kam zu mir und verlangt Wergeld. Ich sagte, wenn er die Bissspuren der Hunde am Leichnam des Jungen fände, würde ich das Wergeld zahlen. Als wir den Toten untersuchten, konnten wir keine Anzeichen dafür entdecken, dass die Hunde ihn getötet hatten. Dann sagte Roc: Ich stelle dich unter die Geasa des Ruins und der Zerstörung, Fionn Mac Cumhaoill, du wirst die Qualen einer Frau im Kindbett erleiden, du wirst das Gesicht eines Ertrunkenen haben, und du wirst erniedrigt werden, es sei denn, du sagst mir, wer meinen Sohn getötet hat.

Sie brachten mir einen Eimer Wasser und ich wusch mir die Hände und nagte mit meinem Zahn der Weisheit an meinen Daumen, und mir wurde die Wahrheit erhellt: dass dein Vater Rocs Sohn getötet hatte. Ich bot Roc Wergeld an, aber er lehne ab, und ich musste ihm sagen, dass dein Vater seinen Sohn getötet hatte. Dann sagte er, es gebe nur einen Menschen im Haus, der ihm Wergeld geben könne, und das sei dein Vater, denn dessen eigener Sohn sei dort. Roc sagte, das einzige Wergeld, das er annehmen könnte, wäre, dass du, Diarmuid, zwischen seinen Knien stündest, und wenn du überlebtest, würde er deinem Vater den Tod seines Sohnes verzeihen."

Das machte Aonghus wütend und er wollte Roc schon den Kopf abschlagen, aber ich hielt ihn zurück. Nun zog Roc einen Zauberstab hervor und berührte Gulban damit und er kehrte zurück ins Leben, in Gestalt eines gesengten Schweins ohne Ohren oder Schwanz, und er sprach: Ich setze dich unter Geasa, dass du und Diarmuid Ó Duibhne dieselbe Lebenszeit haben werden und dass er von dir getötet werden wird."

Das Schwein rannte zur Tür hinaus und Aonghus legte dir das Geis auf, dass du niemals auf Schweinejagd gehen dürftest. Dieses Schwein ist der Eber von Beann Ghulban, und es wäre nicht gut, wenn du darauf wartetest."

„Von diesen Geasa höre ich jetzt zum ersten Mal", sagte Diarmuid. „Aber ich werde den Berg erst verlassen, wenn er mich angreift. Lass mir Bran zusammen mit Mac an Chuill."

„Ich lasse sie nicht zurück", sagte Fionn, „denn der Eber ist ihr schon oft entkommen."

Fionn dreht sich um und wollte gehen, und Diarmuid rief hinter ihm her: „Ich schwöre, dass du diese Jagd arrangiert hast, um mich zu töten, Fionn, aber wenn ich hier zu Tode kommen soll, hat es keinen Zweck, wenn ich versuche, mich zu retten."

Diarmuids Tod

Nun kam der Eber den Hang hoch und Diarmuid löste Mac an Chuill von der Kette, aber das half ihm nicht weiter, denn der Hund drehte sich um und floh.
Dann schob Diarmuid den Finger durch die seidene Wurfschlinge des Gelben Speers des Skill und zielte sorgfältig und warf den Speer in die Mitte der Eberstirn. Aber der Speer konnte keine Borste abschneiden und den Eber nicht verwunden. Dann zog Diarmuid den Beagalltach und schlug den Eber in den Rücken, aber nicht eine Borste wurde abgeschnitten und das Schwert brach in zwei Teile.
„Wehe dem Mann, der den Rat einer guten Frau missachtet", sagte Darmuid. „Denn Gráinne hat mir geraten, Manannáns Moralltach und den Roten Speer des Donn mitzunehmen."
Dann stürzte der Eber wütend und wild auf Diarmuid zu und riss ihm den Boden unter den Füßen weg und jagte ihn kopfüber den Hang hinab. Als Dairmuid zu sich kam, saß er rücklings auf dem Eber und der Eber konnte ihn nicht abschütteln, als er den Berg hinunterrannte. Der Eber lief nun zum Wasserfall Eas Ruaidh in Donegal, und als er dort angekommen war, sprang er dreimal rasch zurück und viermal über den Wasserfall, aber noch immer konnte er Dairmuid nicht abschütteln. Dann kehrte er auf demselben Weg zurück und lief wieder den Beann Ghulban hoch, und als er oben ankam, konnte er Diarmuid abschütteln. Der Eber griff wütend an und traf Diarmuid so tief, dass dessen Innereien hervorquollen. Als der Eber sich umdrehte, schleuderte Diarmuid seinen zerbrochenen Speer und traf den Eber im Nabel, so dass dessen Innereien ebenfalls hervorquollen und er tot und leblos am Boden lag.
Fionn und die Fianna kamen und sahen, dass der Tod sich Diarmuid näherte. Fionn sprach: „Es ist mir ein Vergnügen, dich so zu sehen. Was, Diarmuid. Wie schade, dass die Frauen von Irland dich jetzt nicht sehen können, wo deine Schönheit in Hässlichkeit umschlägt und deine feine Gestalt zerbrochen ist."
„Du besitzt die Kraft, mich zu heilen, wenn du willst, Fionn", sagte Diarmuid, denn alle wussten, dass Fionn über Heilkräfte verfügte.
„Wie könnte ich dich heilen?", fragte Fionn.

„Einfach", sagte Diarmuid. „Denn du hast den Lachs der Weisheit im Fluss Boyne berührt und alle, denen du einen Trunk Wasser aus deinen Händen gibst, werden von jeglicher Krankheit geheilt."

„Diesen Trunk aber hast du von mir nicht verdient", sagte Fionn.

„Das stimmt nicht", sage Diarmuid. „Ich habe ihn in der Nacht verdient, als du und die Häuptlinge und die Edlen der Fianna ein Fest im Haus des Dearg Mac Dionnarthach besuchten und Cormacs Sohn Cairbre Lifechair und die Männer von Bregia und die Männer von Meath - alle kriegslüsternen Kämpen von Tara - das Haus umstellt hatten. Sie stießen drei laute Rufe aus und steckten das Haus an. Du standest auf, Fionn, und wolltest schon hinausgehen, aber ich sagte, du sollst im Saal bleiben und fröhlich weiterzechen, ich aber würde vor sie treten und mich mit ihnen einigen. Dann ging ich hinaus und löschte die Feuer und drehte drei blutige Runden um das Gebäude und tötete bei jeder hundert. Als ich zurückkam, ohne zu bluten oder verwundet zu sein, sah ich, dass du lachtest und fröhlich warst. In jener Nacht hast du mir zu trinken gegeben, Fionn, und es wäre nur richtig von dir, mir auch jetzt einen Trunk zu holen."

„Das ist nicht wahr", sagte Fionn. „Denn du verdienst von mir keinen Trunk oder einen anderen Gefallen, weil du in jener anderen Nacht mit mir nach Tara gekommen bist und mir vor allen Männern Irlands Gráinne weggenommen hast, und doch warst du in jener Nacht mein Leibwächter."

„Das ist nicht wahr", sagte Diarmuid. „Das war nicht meine Schuld. Gráinne hat mir Geasa auferlegt, und ich hätte um alles Gold der Welt nicht gegen meine Geasa verstoßen. Ich verdiene durchaus einen Trunk von dir, wenn du an damals denkst, als Míodach Mac Colgán bei der Eberesche ein Fest für dich abgehalten hat. Míodach hatte eine Herberge an Land, die Herberge der Eberesche und eine im Shannon, die Herberge der Insel, und er versammelte den König der Welt und die drei Könige von Inis Tile in der Herberge der Insel, um zu planen, wie sie dir den Kopf abschlagen können. Du besuchtest mit einer Gruppe der Fianna das Fest in der Herberge der Eberesche und Mídoch legte Erde von Inis Tile unter eure Füße und Hände, so dass ihr am Boden festhingt. Als der König der Welt hörte, dass du mit deinen Leuten gefesselt wärest, schickte er einen seiner Häuptling mit einer Abteilung von Männern, um deinen Kopf zu holen. Das wurde dir kundgetan, als du mit deinem Zahn der Weisheit an deinem Daumen nagtest.

Du sahst mich auf die Herberge zukommen und sagtest mir, dass Míodach Mac Colgán und der König der Welt und die drei Könige von Inis Tile in der Herberge der Insel saßen und dass einige von Ihnen dir den Kopf abschlagen wollten, um ihn dem König der Welt zu schenken. Als ich das hörte, nahm ich deinen Leib und deine Seele bis zum Sonnenaufgang unter meinen Schutz.

Ich ging zu der Furt bei der Herberge, um sie zu verteidigen. Und schon bald traf der Häuptling der Armeeabteilung des Königs der Welt ein und wir kämpften und ich schlug ihm den Kopf ab und tötete seine Krieger und verfolgte sie zur Herberge der Insel. Ich fand dort den König der Welt, der mit den drei Königen von Inis Tile zechte. Ich zog mein Schwert und hieb dem König der Welt mit dem ersten Streich den Kopf ab, und ich schlug auch den drei anderen Königen den Kopf ab und steckte sie auf meinen Schildknauf. Ich packte das mit Juwelen besetzte und vergoldete Trinkhorn voller Met, das vor dem König der Welt lag, und ich focht mit der Vorderkante meiner Schwertklinge. Und so, durch meine Tapferkeit und meine Waffen, erreichte ich die Herberge der Eberesche.

Dort reiche ich dir das Trinkhorn und die Köpfe, Fionn, als Zeichen ihrer Niederlage, und ich bestrich mit dem Blut vom Hals der drei Könige dich und die Fianna, die am Boden feststeckten, und nun konntet ihr euch wieder bewegen. Hätte ich dich in jener Nacht, um einen Trunk gebeten, Fionn, du hättest ihn mir gereicht."

Dann sprach Oisíns Sohn Oscar: „Du weißt, Fionn, dass ich mit Diarmuid enger verwandt bin als mit dir, und ich werde nicht zulassen, dass du ihm den Trunk verweigerst."

„Ich kenne hier auf dem Beann keine Quelle", sagte Fionn.

„Das stimmt nicht", sagte Diarmuid. „Denn die beste Quelle mit klarem Wasser auf der ganzen Welt ist nicht weiter als neun Schritte von hier entfernt."

Also ging Fionn zu der Quelle und füllte seine beiden Hände mit Wasser, doch er hatte erst den halben Rückweg hinter sich gebracht, als er das Wasser vergoss und sagte, er habe es nicht mitbringen können.

„Ich schwöre, das hast du so gewollt", sagte Diarmuid.

Fionn ging zurück zu der Quelle, doch abermals sickerte das Wasser durch seine Hände, als er die Hälfte des Weges hinter sich gebracht hatte.

„Ich schwöre bei meinen Waffen", sagte Oscar. „Wenn du nicht bald das Wasser bringst, wird von uns beiden nur der Stärkere diesen Ort hier lebend verlassen"

Nach dieser Drohung ging Fionn zum dritten Mal zur Quelle und kehrte mit beiden Händen voller Wasser zurück, doch ehe er Diarmuid erreicht hatte, hatte Diarmuids Seele seinen Körper verlassen. Die Fianna stieß drei laute Klagerufe für Diarmuid aus.

Oscar sprang in wilder Wut auf und wollte Fionn schon den Kopf abschlagen, aber Óisín hielt ihn zurück und sagte: „Mein Sohn, es stimmt schon, er hat das von dir und der Fianna verdient, weil er Diarmuid nicht helfen wollte, aber lass uns nicht an einem Tag zweimal trauern müssen. Wir werden jetzt diesen Berg verlassen, denn wenn Aonghus kommt, dann glaubt er vielleicht nicht, dass nicht wir Diarmuids Tod verursacht haben und dass nicht einmal Fionn die Schuld daran trägt."

Fionn und die Fianna verließen den Berg, Fionn führte Mac an Chúill, Oisín, Oscar, Caoilte und Mac Lughach gingen zurück und deckten Diarmuid mit ihren Umhängen zu, dann folgten sie Fionn und der Fianna nach Ráth Ghráinne. Gráinne stand auf der Burgmauer und wartete auf Nachrichten von Diarmuid, und als sie die anderen auf sich zukommen sah, sagte sie: „Wenn Diarmuid am Leben wäre, dann wäre Mac an Chúill auf dem Weg zu diesem Haus nicht in Fionn Mac Cumhaills Hand."

Gráinne war damals hochschwanger und sie stürzte von der Mauer und brachte drei tote Kinder zur Welt. Als Oisín Gráinne in diesen Nöten sah, schickte er Fionn und die Fianna weg. Als sie abzogen, hob Gráinne den Kopf und bat Fionn, ihr Mac an Chúill zu lassen. Fionn lehnte das ab und behauptete, soviel von Diarmuids Hinterlassenschaft stehe ihm mit Fug und Recht zu. Oisín nahm Fionn den Hund ab und gab ihn Gráinne, dann folgte er der Fianna.

Gráinnes Dienstboten kamen aus der Burg und trugen sie hinein. Sie schickte dreihundert Mann aus ihrem Gefolge zum Beann Ghulban, um Diarmaids Leichnam nach Ráth Ghráinne zu bringen. Als sie dort eintrafen, fanden sie Aonghus von Brugh mit dreihundert Gefolgsleuten, die an Diarmaids Leichnam standen. Als die anderen Aonghus erkannten, drehten sie zum Zeichen des Friedens ihre Schilde um und beide Gruppen stießen drei laute Klagerufe über Diarmuids Leichnam aus, und diese Rufe hallten an den Wolken des Himmels und am Gewölbe des Firmaments wider.

„Niemals", sagte Aonghus, „seit du mit neun Monaten als mein Pflegesohn nach Brugh am Bóinne gekommen bist, habe ich auch nur eine Nacht verstreichen lassen, ohne aus der Ferne über dich zu wachen, außer dieser letzten Nacht. Ich habe nicht gewacht und dich nicht vor deinen Feinden beschützt, und ich klage über den Verrat, den Fionn an dir begangen hat, obwohl du mit ihm Frieden geschlossen hattest."

Dann fragte Aonghus Gráinnes Gefolge, warum sie gekommen seien, und sie antworteten, Gráinne habe sie gesandt, um Diarmuids Leichnam nach Ráth Ghráinne zu holen. Aonghus sagte, er werde ihnen den Leichnam nicht überlassen, sondern ihn nach Brugh zurückholen, „und obwohl ich ihn nicht ins Leben zurückbringen kann, werde ich ihm eine luftige Seele einhauchen, und dann kann er jeden Tag mit mir sprechen."

Gráinnes Leute gingen zu ihr zurück und teilten ihr mit, was Aonghus gesagt hatte, und sie sagte, sie habe keine Macht über ihn. Dann schickte Gráinne ihren Kindern eine Nachricht, zusammen mit Diarmuids Móralltach und dem Roten Speer des Donn:

> „Steht auf, Kinder des Diarmuid,
> rächt den Mord an einem guten Mann.
> Kämpft, doch begeht keinen Verrat.
> Möge euer Unternehmen Beute bringen."

Dann ließ sie sie in die Welt ziehen und Kampfeskünste erlernen, damit sie sich an Fionn rächen könnten. Als Fionn das hörte, rief er die Fianna zusammen und fragte, ob sie ihm helfen würden, wenn die Kinder des Diarmaids zurückkehrten, um sich an ihm zu rächen. Oisín sprach für alle und erklärte, der Streit habe nichts mit ihnen zu tun, Fionn habe sich durch seinen Verrat alles selbst zugezogen, und er allein müsse die Früchte dieser Tat ernten. Dann begab Fionn sich zu Gráinne und brachte sie mit süßen Worten dazu, ins Hauptquartier der Fianna beim Hügel von Allen zu kommen, um mit ihm zu leben. Als die Fianna Fionn und Gráinne zusammen sahen, lachten sie und spotteten: „Diesmal musst du sie aber festhalten, Fionn", und Gráinne ließ beschämt den Kopf hängen.

Sieben Jahre später kehrten die Söhne von Diarmuid und Gráinne aus der weiten Welt zurück, nachdem sie ihre Ausbildung zum Krieger hinter sich gebracht hatten. Als sie feststellten, dass Gráinne sich mit Fionn versöhnt hatten, begaben sie sich zum Hügel von Allen und forderten die Fianna zum Kampf heraus. Jeder der vier Söhne tötete hunderte von der Fianna, und Fionn bat Gráinne, zwischen ihnen Frieden zu stiften. Das tat Gráinne, und die Versöhnung wurde mit einem Fest besiegelt. Fionn und Gráinne blieben bis zu ihrem Tod zusammen. Als sie heirateten, wurde Gráinne Fionns dreiunddreißigste Gemahlin.

Eachtachs Rache

Die Stelle, an der Diarmuid den Eber tötete, ist mit einem Gedenkstein für den Eber gekennzeichnet, und der nahegelegene mit Gras bewachsene Hügel ist Diarmaids Grab und wird „Bett des Diarmuid" genannt. Zwei Jahrhunderte nach Fionns Tod und dem Niedergang der Fianna als Folge der Schlacht von Gabhra (AD 284) lebte Fionns Neffe Caoilte in einem Feenhügel in der Anderwelt. Nach seiner Rückkehr ging er mit einer Gruppe von Freunden zum Beann Ghulban, legte seine Waffen auf den Boden und warf sich über das Grab seines Pflegebruders, Kameraden und geliebten Freundes. Tränen echter Trauer liefen über seine Wangen, bis sein Gesicht und seine Kleider nass waren.
„Es macht mich traurig", sagte er. „Dass mein Pflegebruder und Freund mir genommen wurde." Und sie blieben dort vom Mittag bis zum Abend. Dann sagte Caoilte: „Es macht mich so traurig, meine Freunde, dass ich dieses Grab nie wieder verlassen werde, so groß sind meine Trauer und meine Sehnsucht nach Diarmuid und seinen Kindern."
„Was sagst du da?", fragte einer seiner Begleiter. „Hatte Diarmuid Kinder?"
„Das hatte er", sagte Caoilte, „und das geschah, als Gráinne ihrer Tochter erzählte, dass Fionn den Tod ihres Vaters verursacht hatte."

Eachtach, Tochter des Diarmuid,
mit feurigen Wangen und leichten Gliedern,
Rache ruft und Pflicht treibt
Gráinnes grimmige Tochter an.

Weibliche Weichheit flieht die Maid
als sie von Diarmaids Tod hört
männlicher Mut - sein Erbe - lodert jetzt in ihrer tapferen Brust.

Eachtach weckt ihre drei Brüder -
Eochaid, Donncha und Aodh.
Rasch erheben sie sich und brechen auf
gleich zu Tagesanbruch.

Zorn verdient die Kämpfertruppe.
Stark sind sie und wollen alles plündern.
Ihr Zerstörungswerk wurde noch lange besungen.
Groß war das Gemetzel im Abendlicht.

Drei Tage und drei volle Nächte hindurch
wurden mehr erschlagen als beim Táin.
Niemals war ein Trupp kühner
von dieser Zeit bis zum Jüngsten Gericht.

Sie umzingelten das Fort des Dalgus,
obwohl Fionn tapfer standhielt
konnte eine Abteilung von Kriegern
Eachtach und ihren Mannen nicht standhalten.

Fionn rief noch drei Abteilungen herbei,
um das berühmte Fort zu verteidigen.
Dann steckte die mutige junge Heldin
die Verteidigungswerke in Flammen.

Sie griff mit Feuerbällen an
bei jeder Ecke des Forts
und sie verbrannte Dún Daolgusa,
obwohl zwanzigmal hundert sich wehrten.

Eachtach und ihre Brüder
mordeten und sengten von früh bis spät
Fionn Mac Cúmhaills zweitausend Männer -
sie alle wurden in die Flucht geschlagen.

Die edle Eachtach forderte sie heraus:
Zum Zweikampf, Mann gegen Mann.
Nur Fionn, obwohl fett und alt,
nahm diese Forderung an.

Fionn, das Haupt der Fianna, trat vor
und ein wütender Kampf war zu sehen.
Schläge und Gegenschläge in vielen Dutzend,
schlagende Schwerter sangen auf Stahl.

Auf Uralten Tropfhasel
ließ die tapfere Eachtach die harten Schläge regnen
so hart schlug sie auf den Schild ein
dass nur ein Sieb mit rotem Rand übrig blieb.

Sie zog ihre schimmernde Klinge aus der Scheide
leuchtend wie eine funkelnde Fackel
Rasch warf Daolgus sich zwischen
Fionn Mac Cumhaill und Eachtachs Schwert.

Als sie mit ihrer wilden Klinge
auf Daolgus traf
versetzte sie ihm einen so mächtigen Hieb
dass ein Daolgus nun zwei war.

Eachtachs blauleuchtende Waffe zerschlägt
Fionns starken Schild ohne Mühe
und bricht mindestens drei Rippen
in der Brust des tapferen Häuptlings.

Verletzt, blutend, schwach und erschöpft
stöhnte Fionn Mac Cumhaill verzweifelt auf
Der Uralte Schild aus Tropfhasel
krachte wie Donner zu Boden.

Er sah aus wie ein halbwüchsiger Knabe
im Schatten seines Schildes,
weinend, geschlagen von einem Mädchen
musste der gefürchtete Fionn aufgeben.

Zur Rettung seines Herrn
kam eilends der schöne Ludhorn.
Er tötete die mutige Maid
mit einem schändlichen mörderischen Hieb

Fionn lag drei Jahre und mehr krank darnieder
bis der Heiler seine Wunden heilen konnte
Eachtach liegt unter dem Boden
einer jetzt zerfallenen Kapelle.

Diese Ballade aus dem Buch „Duanaire Finn" („Fionn-Lieder") aus dem 17. Jahrhundert wurde zwischen 1250 und 1400 verfasst. Soviel ich weiß, ist sie noch nie in irgendeine Version der Geschichte von Diarmuid und Gráinne aufgenommen worden, obwohl sie einen dramatischen und befriedigenden Epilog darstellt. Nessa Ní Shéaghdha („Tóruigheacht") sagte: „Das ist zweifellos ein passenderes Ende für diese Geschichte und war vielleicht der ursprüngliche Schluss."
Die Geschichte von Fionns „unberührbarem" Schild, dem Uralten Tropfhasel, wird im nächsten Kapitel erzählt. Eachtachs „blauleuchtende Waffe", die den Schild zerbricht, kann durchaus Manannáns Móralltach gewesen sein, das Aonghus Diarmuid gegeben hatte. Die Ballade deutet an, dass Eachtach sechzehn war, als sie gegen Fionn zum Kampf antrat, also unmittelbar nach Diarmaids Tod, aber wahrscheinlicher ist, dass sie ihre Brüder sieben Jahre lang auf deren Reisen in ferne Länder begleitete, um vor dem Kampf gegen Fionn Kriegeskünste zu erlernen.

Der Großteil der in Prosa verfassten Einführung stammt aus dem Text „Acallam na Senórach" („Gespräch der Alten") aus dem 12. Jahrhundert, aber ich habe die Zeile „und das ist passiert" eingefügt, um Caoiltes Liste der Namen von Diarmaids sechs Söhnen (NB - Eachtach wird hier nicht erwähnt) zu ersetzen. Meine Version ist kürzer als das Original und macht einen Versuch, den Stil des Irischen widerzugeben.

Fionns Schild

Bei der Zweiten Schlacht von Moytura wurde Balor mit dem Bösen Blick, der Anführer der Fomori und Fionn Mac Cumhaills Großvater, von seinem Enkel Lugh getötet, dem Anführer der Tuatha Dé Danann. Vor seinem Tod befahl Balor Lugh, ihm den Kopf abzuschlagen und auf seinen eigenen Kopf zu setzen, um seinen großväterlichen Segen und seine Kriegskünste zu empfangen. Lugh, der seinem Großvater klugerweise misstraute, denn Balor hatte versucht, ihn bei seiner Geburt zu töten, nachdem geweissagt worden war, Balors Enkel würde sein Tod sein, legte Lugh Balors Kopf in einen gegabelten Ast eines Haselbaumes, der für fünfzig Jahre blattlos blieb und Geiern und Raben zur Behausung diente. In dieser Zeit sickerte giftige Milch ganz langsam aus dem Kopf in den Baum und ließ ihn zerspringen.

Dann befahl Manannán Mac Lir, der Meeresgott und Zauberer, der zu den Tuatha Dé Danann hielt, den Baum zu fällen und aus seinem Holz einen Schild zu machen. Zweimal neun Arbeiter kamen ums Leben, neun weitere wurden von den giftigen Dämpfen getötet. Der Vorzug des Schildes Uralter Tropfhasel (Senchol Snidharch) war, dass er in Schlacht oder Zweikampf nicht getroffen werden konnte.

Manannán führte diesen Schild in vielen Schlachten, auch bei der, in der er den Hochkönig von Asien tötete. Dann gab er ihn dem König der Insel Sigear, deshalb hieß es später auch „Schild des frostigen Sigear". Er gelangte zum Dagda Mór, dem Häuptling der Tuatha Dé Danann, der ihm seinem Urenkel Eithar vermachte, und der wurde als Sohn des Hasels bekannt - Mac Cuill. Als Mac Cuill in der Schlacht zwischen den Danaan und den Milesiern in Tailtiu ums

Leben kam, wurde der Schild Sogran, dem König von Armenien, gegeben, und die Könige von Armenien hatten ihn zweihundert Jahre lang.
Manannán holte ihn zurück, behielt ihn eine Weile und gab ihn dann Tadg Sohn des Nuadu. Fionns Vater, Cumhaill, holte ihn von Tadg, zusammen mit Tadgs Tochter, Muirne mit dem schlanken Hals, die Fionns Mutter wurde, und nach Cumhaills Tod erbte Fionn den Schild. Zur Zeit des Heiligen Patrick wurde der Schild vor Augen von Fionns Sohn Oisín von einem Schweinehirten verbrannt.

Wie Diarmuid zu seinem Liebesfleck kam

Um für die christlichen Autoren akzeptabel zu sein, die die Geschichte von Diarmuid und Gráinne aufzeichneten, musste der Held frei von Schuld für seine sündhaften und verräterischen Taten sein. Deshalb wurde er unter Geasa gestellt und durfte nur widerwillig mit der tückischen Verführerin durchbrennen. Gráinne wird durch die spätere Hinzufügung des Liebesflecks ein wenig entlastet, so dass die ganze Sache nicht nur ihre Schuld war. In Lady Gregorys „Götter und Kämpfer" gibt es eine kurze Version dieser Allegorie.

Fionns Enkel, Oscar, Goll Mac Morna und Diarmuid Ó Duibhne hatten sich eines Nachts auf der Jagd verirrt und baten einen alten Mann und seine wunderschöne Enkelin um Unterkunft. Sie wurden in eine Kammer mit vier Betten geführt und fragten sich, für wen das vierte Bett bestimmt sein mochte. Sie legten sich zum Schlafen hin und sahen dann, wie ein Licht sich durch den Gang der Kammer näherte, dann sahen sie, wie die junge Frau den Raum betrat. Sie legte sich in das vierte Bett. Goll stand auf und trat zu ihr.
„Goll", sagte sie. „Was machst du da?"
„Ich dachte, du könntest dich in dem Bett allein fühlen, und dich nach nach Gesellschaft sehnen."
„Ach, Goll, du hast mich einmal gehabt. Du kannst mich niemals wieder haben. Geh wieder in dein Bett."
Goll kehrte zu seinem Bett zurück. Oscar stand auf und trat vor das Bett der jungen Frau.
„Oscar, was machst du da?"

„Ich dachte, du könntest in dem Bett so ganz allein frieren und jemanden brauchen, der dich wärmt."

„Ach, Oscar, du hast mich einmal gehabt. Du kannst mich niemals wieder haben. Geh zurück in dein Bett."

Und Oscar kehrte in sein Bett zurück. Diarmuid stand auf und ging zu der Frau.

„Diarmuid, was machst du da?"

„Ich möchte mit dir schlafen."

„Ach, Diarmuid, schöner Diarmuid. Du hast mich einmal gehabt. Du kannst mich niemals wieder haben. Aber weil du so schön bist und weil ich dich liebe, werde ich dir einen Liebesfleck auf die Stirn setzen. Und jede Frau, die diesen Fleck sieht, wird sich sofort und ganz und gar in dich verlieben. Dies Zeichen will ich Dir geben, denn ich bin die Jugend, die jeder Mensch nur einmal hat."

Fionns Tod

Er galt als einer der zwölf großen Dichter Irlands und als einer der sieben Könige von Irland, nämlich der Hochkönig, die Könige der fünf Provinzen und Fionn als König der Fianna. Er diente als Anführer der Fianna während der Herrschaft von sieben Hochkönigen:

Conn Céadcathach, AD 123 - 157
Conaire, Sohn des Modha Lamha AD 158 - 166
Art Mac Conn AD 166 - 195
Lughaid Mac Con AD 196 - 226
Cormac Mac Airt AD 227 - 266
Eochaidh Gondat AD 267
Cairbre Lifechair, Sohn des Cormac Mac Airt, AD 268 - 284

Es gibt mehrere widersprüchliche Berichte darüber, wo und wie er den Tod fand. Die wahre Geschichte, das sagte Cinead hUa Hartacáin, ein Dichter aus dem 19. Jahrhundert, ist, dass er in der Schlacht von Gabhra Achaill bei Tara fiel, der letzen Schlacht der Fianna, im Jahre 284. Er war bereits schwer verletzt, als die fünf Söhne des Uirgriu ihn gleichzeitig mit ihren Speeren durchbohrten.

Eine beliebte Geschichte berichtete, dass alle bis auf ein Mitglied der Fianna ihn verlassen hatten, weil sie ihn für zu alt hielten, um weiterhin ihr Anführer zu sein. Er begab sich nach Áth Brea am Fluss Boyne, wo er einmal im Jahr seine körperlichen Fähigkeiten testete, indem er über den Fluss sprang. Aber diesmal rutschte er aus und fiel zwischen zwei Felsen, wobei er sich eine tödliche Kopfverletzung zuzog.

Vier Fischer fanden seinen Leichnam - die drei Söhne des Uirgriu und Aiclech Mac Dubdriu. Aiclech hieb ihm den Kopf ab und die Söhne des Uigriu töteten Aiclech und nahmen Fionns Kopf mit in ein leeres Haus. Sie legten den Kopf neben das Feuer, während sie ihre Fische brieten. Einer der Männer scherzte: „Gebt den Kopf ein Stück, wo Aiclech doch tot ist." Sie teilten den Fisch in zwei Stücke, aber dabei gab es plötzlich drei Portionen. Dreimal teilten sie den Fisch in zwei Teile, aber immer hatten sie am Ende drei.
„Wie ist das möglich?", fragte einer.
Fionns Kopf antwortete: „Der Grund, aus dem ihr drei Portionen bekommt, ist, dass eine davon für mich sein soll."
Fionns Neffe Caoilte tötete aus Rache die drei Söhne des Uirgriu.
In Irland und Schottland, wo Fionn als Fingal bekannt ist, besagt eine Überlieferung, dass er, wie Earl Gerald und Red Hugh O'Donnell (oder anderswo Dietrich von Bern und Barbarossa) mit Mitgliedern der Fianna in einer Höhle schläft. Eines Tages wird ein Mann durch Zufall die Höhle und die Lure der Fianna finden und drei Hornstöße aussenden, und Fionn und die Fianna werden erwachen und so stark sein wie eh und je.

Caoilte beklagt das Ende der Fianna

In diesem Auszug aus dem „Lied von Beann Ghualainn" aus dem 15. oder 16. Jahrhundert, das wir im „Duanaire Finn" aus dem 17. Jahrhundert finden, trifft Fionns Neffe Caoilte auf den Heiligen Patrick, der versucht, ihn zum Christentum zu bekehren. Caoilte spricht als erster:

Jämmerlich diese Frömmigkeit
und die Klagen der Baskin-Sippe.
Wenn ich noch so gesund wäre wie damals
würde ich die Frömmigkeit bald verbannen.
Sag das nicht, Caoilte, mein Freund.
Wüsstest du von der Gnade des Himmels
würdest du deine Kameraden von der Fianna
niemals vermissen oder beweinen.

Hättest du den Häuptling der Fianna gekannt
und die tapferen Jünglinge von Ulster
wie sie in ihren Jagdhütten kauerten,
könnte Frömmigkeit dir nicht gefallen.
Schlecht gedacht, alter Mann.
dieses ganze mächtige Heer wird untergehen.
Nicht ein einziger entkommt
dem Urteil des Königs der ganzen Welt.

Ach, Patrick, Heiliger Irlands,
traurig zu sehen, wie diese kühnen Helden
mir und der Welt genommen werden
und ich bin allein und beraubt.

Zu den Geschichten

Conaire der Große

Unten auf Blatt 83 des Lebor na Huidre, als Conaire die Geschenke aufzählt, die er Dá Derga gemacht hat, hat später jemand anders als der Schreiber des Textes, vermutlich ebenfalls jemand namens Duanaire hinzugefügt: „Zehn Funken in einem schwarzen Sack, keine tiefsinnige oder schöne leuchtende Gabe. Mein Namensvetter mag verdammt sein, meine Wahl des Himmels strahlt."

Die Bórama

Tuathal Techmar

Der Keltologe Dáithi Ó hÓgáin sagt, „Tuathal" sei die „irische Form des rekonstruierten keltischen Wortes Teutovalos, was „Führer des Volkes" bedeutet. „Techmar" ist entweder abgeleitet von „legitim", weil er von königlichem Geblüt war, oder von „habgierig, weil er die Köpfe seiner geschlagenen Feinde an sich riss (Techtadh). Das Lebor Gabála (Landnahmebuch) leitete es ab von „techt tar muir" - „über das Meer kommend".

Römer in Irland?

Abgesehen von Robert Fabyans rätselhaftem Kommentar in seinem Buch „The New Chronicals of England and France" von 1516 - „Claudius schickte gewisse Legionen seiner Ritter nach Irland, um dieses Land zu beherrschen", - gibt es keine historischen literarischen, sagenhaften oder archäologischen Belege für irgendeine römische militärische Anwesenheit in Irland. Es wird jedoch angenommen, dass Tuathals rasche Eroberung Irlands auf irgendeine Weise auf römische Hilfe zurückzuführen ist - vielleicht auf „Berater", Training, Waffen -, dass es den römischen Interessen diente, in Irland einen starken Herrscher zu sehen, der ihnen einen Gefallen schuldete. Agricola war zu der Zeit, in der Tuathal Techmar aktiv war, Statthalter von Britannien (AD 77 - 85). Agricolas Schwiegersohn und getreuer Biograph, Tacitus, schrieb: „Agricola hatte einem der (irischen) Kleinfürsten, den Streitigkeiten aus seiner Heimat vertrieben hatten, Obdach gewährt, und unter dem Vorwand der Freundschaft hielt er ihn bereit, um ihn bei passender Gelegenheit zu benutzen." (Agricola 24). Dieser Mann war angeblich Tuathal, der als Gegendienst versprochen haben kann, nicht ins römische Britannien einzufallen. Wenn Agricola wirklich in Irland einmarschiert wäre, hätte sein Bewunderer Tacitus uns das mitgeteilt, aber das hat er nicht.

Ráth Imaal

Niemand hat die Lage dieser Festung bisher identifizieren können, aber Crossona Rath, eine Ringfestung mit fünfundsechzig Meter Durchmesser am Südosthang von Kilranalagh Hill, könnte eine passende Kandidatin sein. Sie öffnet sich nach Süden und wird beschützt vom Kilranalegh Hill im Westen, dem Keadeen Mountain im Osten und dem Spinans Hill (DúnBolg) im Norden. Der Rebellenführer Michael Dwyer focht in Crossona Rath Anfang September 1798 ein Scharmützel mit britischen Truppen aus.

Die Claenfharta (Rutschenden Hänge) von Tara

Das falsche Urteil des Königsusurpators Lugaid Mac Con wird auch als Grund für das Rutschen der Hügel angeführt. Lugaid sagte, eine Witwe sollte ihre Schafe einem Mann überlassen, auf dessen Weide sie gegrast hatten. Der zehn Jahre alte Cormac Mac Airt widersprach und schlug vor, eine Schur solle für die Mahd ausgleichen; das heißt, der Besitzer der Weide sollte als ausreichenden Ersatz die Schafe einmal scheren dürfen. Die anderen Anwesenden teilten diese Meinung. Lugaid musste seine Entscheidung rückgängig machen und das Urteil wurde zum Gesetz und in einigen Teilen Irlands noch zu Beginn des 20. Jahrhunderts vor Gericht angeführt.

Der Tod des Cummascach (595)

Die Entsorgung von Gästen durch Anzünden der Herberge finden wir als Motiv immer wieder in der irischen Überlieferung. Labhraidh Loingsigh, König von Leinster, machte es mit seinem Großonkel dem Hochkönig Cobthach Caol, um sich für den Mord an seinem Vater und Großvater zu rächen, im dritten Jahrhundert v.Chr. bei Dinn Ríg im County Carlow. Das ist eine der erwähnten „Königsgeschichten", die der Armee der Uí Néill vom königlichen Spaßmacher am Vorabend der Schlacht von Allen (AD 722) erzählt wurden, und Brandubh hat sie zweifellos gekannt. Glasdam und Cummascach übrigens auch.

> Labhraidh Loingsigh voller Trauer
> erschlug König Cobhtach in Dinn Ríg.
> Lanzenwerfer von jenseits der Welten (leignech)
> gaben Leinster (Laighen) seinen Namen.

Buchets Haus

In der Bórama-Saga gibt es Hinweise darauf, dass Buchets Haus, wo Brandubhs Frau sich vor Cummascach versteckte, in der Nähe des heutigen Kilranallagh House auf dem Killranalagh Hill bei Baltinglas lag. Liam Price sieht das auch so und fügt hinzu, dass die Wiese von Cill Rannaireach (der Kirche von Ranelagh), wo Cummascach getötet wurde, ebenfalls in der Nähe gelegen habe: „Alle Annalen enthalten die Mitteilung, dass Cummascach bei Dun Buchat getötet wurde."

Dún Bolg

Die drei konzentrischen Wälle des Brusselstown Ring auf dem Spinans Hill bei Baltinglas bilden mit ihren 132 Hektar die größte Höhenfestung Europas, und sie sind in Sage und Geschichte bekannt als Dún Bolg, wonach das zentrale Element der Bórama-Saga benannt ist, die Schlacht am Pass von Dún Bolg - „eine der bedeutendsten in der frühen irischen Geschichte", da sie der Expansion der Uí Néill ein Ende setzte.

Der Heilige Colum Cille

Colum Cille (520 - 593) war ein Fürst aus der Sippe der Uí Néill, ein Dichter und christianisierter Priester. Er kopierte ein vom Heiligen Finnan geschriebenes Psalterium. Als er das Original zurückgab, verlangte Finnan auch die Kopie. Colum Cille weigerte sich und sagte, die Kopie gehöre ihm. Der Fall ging bis zum Hochkönig Diarmuid Mac Cerbhaill, dem „Vater" (in Wirklichkeit Urgroßvater) der von Maelodrán getöteten Prinzen, und der sprach sein berühmtes Urteil, das erste in Irland zum Thema Urheberrecht: „Jeder Kuh ihr Kalb, jedem Buch seine Kopie." Diarmuid tötete den Sohn des Königs von Connacht, der unter Colum Cilles Schutz stand, im Jahre 560. Colum Cille stachelte seine Leute zum Bürgerkrieg an und es kam zur Schlacht von Cul Dreime (bei Sligo), in der Aed Ainmires Vater auf Colum Cilles Seite kämpfte (sie waren Vettern). Dreitausend von Diarmuids Kriegern wurden getötet, aber nur einer von Colum Cilles, und das lag nur daran, dass er sich aus Colum Cilles Schutzbereich herausgewagt hatte.

Colum Cilles Schutz wurde noch nach seinem Tod von den Uí Néill gesucht, wie in der Schlacht von Allen im Jahre 722. Die O'Donnells, ein Zweig der Uí Néill, hatten Colum Cilles Psalterium an sich gebracht und als „Cathach" (Schlachtenkämpfer") trugen sie es bis ins 16. Jahrhundert mit in die Schlachten. Jetzt befindet es sich in der Royal Irish Academy in Dublin und wird zu besonderen Anlässen gezeigt.

Die Heilige Brigid, die heute vor allem mit Kildare assoziiert wird, war die Schutzpatronin der Krieger aus Leinster.

„Neun flogen in die Luft wie geflügelte Vögel".

Connell Mageoghagans pittoreske Übersetzung in seinen „Annals of Clonmacnoise" (1627) kann nicht überprüft werden, da das irische Original verloren gegangen ist. Die „Annals of the Four Masters" aufgeschrieben zwischen 1632 und 1636, geben an AD 718 (richtig: 722): „Naonbhar tra issidh lotar hi faindeal ocus ngealtacht asin cath sin." Wenn die AFM dieselbe Quelle benutzt haben wie der Text, mit dem Mageoghagan arbeitete, kann er „hi faindeal" für „gefiedert" gehalten haben, (faind = Federn, Gefieder) sagt das

Dictionary of the Irish Language, DIL. Das DIL hat kein „faindeal", aber das Wort stammt vermutlich von „fann" = schwach her. So sehen das jedenfalls andere Herausgeber. O'Donovan („Fragments") sagt, die neun gerieten in Panik und stürzten im Wahnsinn aus der Schlacht davon. (AFM)

Die Saga von Maelodrán

Der Dichter, der den Tod der Königssöhne in der Wassermühle schildert, war der Heilige Ultán Mac Ui Conchobair, Bischof von Ardbraccan bei Naven im County Meath, der 656 starb. Er war Mitautor der *Vita Tripartita* des Heiligen Patrick und schrieb etliche Lieder und Gebete für die Heilige Brigid, mit der er verwandt war, und verfasste vermutlich ihr „Drittes Leben". Sein Festtag ist der 4. September.

Die Triumphe des Turloch

Seán Mac Ruaidhri Mac Craith, der Autor von „Die Triumphe des Turloch" („Caithréim Thoirdhealbhaigh") , war der Sohn des Clandichters Ruaidhri Mac Craith, der die Krieger im ausgefeilten Stil seiner Zeit pries: „Unter Ruaidhri Mac Craith stützte Clancraith mit der Hilfe der allerbesten Ratgeber die Adligen und sagte, dieses Unternehmen solle ohne Skrupel angegangen werden ... da Clancraith in der Poesie alle anderen übertrifft, werden nach und nach alle es zitieren." (O'Grady, Caithréim). Seán Mac Ruaidhri erzählt die Geschichte in etwa 5400 Wörtern. Viele davon sind von ihm erfundene Zusammensetzungen, die sonst nirgendwo nachweisbar sind. Als Beispiel kommt hier das Ende der Beschreibung der alten Vettel: „Lethanrossdán lomdeilecha lúbmérachea laobgloithenecha lebarsálgorma liathgormingnecha ladharbrénfliucha lanntrusgacha."

Die Schlachtengöttin des Clan Turlough

Diese Geschichte lebt in einer lokalen Sage weiter, und das inspirierte den Musiker Danny Carnahan aus den USA zu seinem Lied „Loughrask". In einem Kommentar zu seiner CD „Journey of the Heart" von 1989 schreibt er: „Vor einigen Jahren hörte ich in Ballyvaughan, Co. Clare, eine Geschichte, die tausend Jahre alte Sage der Alten von Loughrask."

In einem Brief an mich erklärt er das genauer: „1978 oder 1979 lernte ich Bernie und Doreen Comyn vom Loughrask House kennen, das bei Ballyvaughan am Ufer des Loughrask liegt. Bernie erzählte mir die Sage der Alten von Loughrask, wie er sie von seinem Vater gehört hatte, und die sich an die vierhundert Jahre, die seine Familie in der Gegend lebt, zurückverfolgen lässt. Ich habe so ungefähr alles, was er mir erzählt hat, in das Lied übernommen. Mehr weiß ich aber nicht über diese Sage. Bernie sagt, die Vettel sei in den folgenden Jahrhunderten noch zweimal aufgetaucht, er weiß aber nicht, wann, oder wer das gesehen haben kann."

Loughrask (from "Journeys of the heart")

I was just seventeen when to West Clare I came
To serve Lord O'Loughlainn and fight in his name
And he gave me a sword and he promised me fame
If I'd lay down my life for the Burren

But worries we'd none through the westering year
And I courted my maiden and hunted the deer
And my sword gathered dust as we'd nothing to fear
Till the snows brought a messenger riding
And he cried, A fierce army cross o'er the far hill
Our land to despoil and our cattle to kill
So we took up the banner and marched with a will
To beat them away from our border

So certain of glory we marched with the tide
Through snow-covered stones where the wild rabbits hide
And we stopped where Loughrask lay so peaceful and wide
And a cry echoed over the water

And the grey hag she rose where no foothold could be
From the heart of the lake, with her back to the sea
And she thrust out her hand as her eyes turned to me
Saying, Soldier of Loughlainn, take warning

Get you home, Lord O'Loughlainn, return while you may
For your fate is decreed if you march on your way
And no man may fight with you and live out the day
And a cold wind will blow on the Burren

O'Loughlainn just smiled as he raised up his hand
I hark not to vision nor bow to demand
And there's no one on earth, be he devil or man
Can lure me to faithless surrender

And the cursed outlanders who march to the fore
Will rue the cruel fate that has tempted them o'er
For we go in God's name as we march on to war
So take Heaven or Hell as it please you

And I wanted to run, but I didn't dare try
And the Hag she just stood as our army marched by
And I wish now I'd spit in my Lord Loughlainn's eye
For a cold wind did blow on the Burren

Oh, the foe fell upon us with scarcely a sound
And we froze in confusion, fair feast for the hounds
And quickly and cruelly they cut Loughlainn down
And they harvested us like ripe barley

And now wounded I lie, though my warning was clear
And scarce was the glory awaiting me here
And this heart that beat only to comfort my dear
Now stains the white snows of the evening

And were we true to our duty? Well, God only knows
And it won't even matter to Him, I suppose
When we all melt away with the last winter's snows
And the wildflowers bloom on the Burren

© Copyright 1984 Danny Carnahan/Post-Trad Music

Danny Carnahan ist ein Sänger, Liedermacher und Autor, der mit seiner Familie in Albany, Kalifornien, lebt. Zuletzt erschienen seine CD „Sky in your pocket" (2011) und der Kriminalroman „With his dying breath" (2014), der dritte einer Serie, in der der Geiger Niall Sweeney ermittelt. Mehr über Danny Carnahan hier:

www.dannycarnahan.com

Glossar:

Wir wissen nur wenig über die Aussprache des mittelalterlichen Irisch. Hinweise geben Reimlehren jener Zeit und die Entwicklung zum heutigen Irisch, die hier angegebene Aussprache ist aber trotzdem nur ein Annäherungswert. Wenn keine Aussprache angegeben ist, dann wird es ausgesprochen wie ein deutsches Wort dieser Schreibweise. Bei Eigennamen ist die Bedeutung oft nicht geklärt.

Amairgin - Auirgin

Bé Find – Beh Winn

Beann Ghulban – Bjaun Rulben (Beann = Berg)

Belach Durgein - Weg der Durgen

Borama – Boruh, Tributzahlung, bestehend aus Vieh (bó = Kuh)

Bregia – Brie-a

Breogán – Brogawn (wie Englisch „awful")

Bricriu – Brikri-u, Bitterzunge

Bruiden – Brwithen (th wie englisch „the"), Herberge

Cailleach – Kailjach, alte Frau

Cairn – Kärn, Steinhaufen

Cairn Leca – Kärn Lecka, Haufen aus Steinen

Cerna – Kerna

Clam-Dicenn – Klam-Digen

Clithar Fidbaii – Klihar Fithba-i (th wie Englisch „the")

Craobh Sencha – kree-ew Schenn-e-cha, Zweig der Alten

Crannóg – Krannohg, hölzerne Festung

Cruachan Ai – Kruachan Ai

Cú Chulainn – Ku Chulinn (ch wie in „Bach"), Hund des Culainn

Cualu Uí Cheallaig – Ku-e-lu Ich Challig (ch wie in „Bach")

Dá Derga – Daw Derrega (aw wie Englisch „awful")

Dindsenchas – Dinnschennechas (ch wie in „Bach")

Dinn Rig – Dinn Riig (Rig = des Königs)

Diorraing - Djorring

Doire dá Bhaoth – Dirre daw We-e (aw wie Englisch „awful")

Donn Des Uisnech – Daun Des Ischnech (ch wie in „ich")

Donn Tetscoraig – Daun Tetskorig

Druachan Ai – Dru-e-chan Ai (ch wie in „Bach")

Drum Ceb – Drum Keb (Drum = Hügel)

Dún Dealgai – Duhn Dialgi, Festung Dealgai

Eas Ruaidh – Jas Ru-ih (Ruaidh = rot)

Eochaid Ariem – Jochid Ari-ev

Emain Macha – Ewin Macha (Macha = Felder)

Étain - Ehtin

Eterscél – Eterschkehl

Fenier, anglisierte Form, Mitglied der Fianna

Fer – Ferr, Mann

Fer Caille – Ferr Kailje, einer, der etwas verloren hat

Fianna – Fie-ena, Heerschar

Fled Bricrend – Flä Brikrenn (Fest von Bricriu)

Fomori – Fowori, sagenhaftes Volk, das vor den Gälen Irland besiedelte

Fúat Aingeda – Fu-ed Ainge-da

Furbaide Fer Bend – Furbithe Fer Benn (th wie Englisch „the")

Gai-Bolg – Gai-Bolleg, dicker Speer

Garbh – Garrew, bitter

Geis, Pl. Geasa - Gesch, Gjassa, Fluch, Tabu

Gleann Daimh – Gljaun Daiw, Tal der Hirsche

Goir – Girr, rufen

Lá an Luain – Law on Lu-in, (aw wie Englisch „awful"), Tag des Weltuntergangs

Lebor na hUidhre – Ljaur na Hithre – (th wie Englisch „the")

Lindi Leith – Lindi Lä

Loch Duib – Loch Diw, schwarzer See

Luigne – Luinje

Maedóg - Maidohg

Maelodrán – Mailodrawn (aw wie Englisch „awful")

Magh Ai – Mai Ai, Feld des Ai

Magh Ailbhe – Mai Älle-we, Feld der Ailbhe

Manannán – Mannanawn (aw wie Englisch „awful")

Midir – Midir

Morrígan – Mohr-rihgen, große Königin

Neamhnainn - Njauninn

Nemglan – Nevglan

Oe Cualann – Eu Ku-elaun

Ráth Imáil – Raw Imäul (aw wie Englisch „awful", ráth = Burg)

Sainglend - Ssänglenn

Samhain – Ssau-inn, November

Seanchái – Schanechi (ch wie in „Bach"), Geschichtenerzähler

Sidh Breg – Schi Breg (Sidh = Fee/ Sidh Breg - Feenhügel)

Sliabh Fuat – Schlie-ew Fu-et (Sliabh = Berg)

Sliabh Luachra – Schlie-we Lu-echra (ch wie in „Bach"), Luachra = Schilf

Slige Cuallann – Schlieh Cu-elaun, Weg des Cualla

Tailtiu – Tältju

Táin – Täun, Viehraub

Tir Tairngire – Tier Tarngirre, Land der Verheißung

Uaan Garrad – U-en Garrad (garrad = kurz)

Uí Máil – Ih Mäul (Sippe der O'Malley)

Uí Néill – Ih Nehl (Sippe der O'Neill)

Impressum

Originalausgabe: "Irish King and Hero Tales" by Richard Marsh - Legendary Books- 2011 - ISBN 978-0-9557568-2-5
Übersetzung: Gabriele Haefs
© deutsche Ausgabe "Irische Königs- und Heldensagen" EDITION NARRENFLUG, Kiel - 2014
Lektorat: Gabriele Haefs und Viktor Braun
Layout und Satz: Viktor und Karin Braun
Druck: Buchwerft, Wittland 8 a, Kiel

ISBN 978-3-945242-02-5

Bildmaterial

Titel innen:

Crannóg von The Lake Dwellings of Ireland von W. G. Wood-Martin, 1886

Cover Rückseite: Der Proleek Dolmen in der Nähe von Dundalk, County Louth, eines der 366 Betten von Diarmuid und Gráinne

Ilustrationen innen: Jan Radermacher

Ebenfalls in der Edition Narrenflug erschienen:

Narrenflieger

Herausgeberin: Gabriele Haefs
- Anthologie -
ISBN: 978-3-945242-01-8 - Preis: 10,00 €

AutorInnen: Ingvar Ambjörnsen, Ditte Birkemose, Maureen Boyle, Peter Braukmann, Karin Braun, Isabell de Col, H. P. Daniels, Günther Eichweber, Mick Fitzgerald, Kersten Flenter, Martha Frei, John Galsworthy, Gabriele Haefs, Levi Henriksen, Christel Hildebrandt, Lars Maehle, Laila Mahfouz, Brian McNeill, Solrún Michelsen, Andreas Niedermann, Anne B. Ragde, Anna Rheinsberg, Elin Trollerud, Gudrun Völk

Was ist denn jetzt also das übergeordnete Thema dieser Anthologie? Goethe schreibt in seiner Definition der Novelle, sie müsse ein „unerhörtes Geschehnis" behandeln. Nach dieser Definition haben wir es mit einem Buch voller auserlesener Novellen zu tun, jede behandelt ein unerhörtes Geschehnis, jede greift mitten ins wirre Menschenleben und zeigt ... naja, eben unerhörte Geschehnisse. Den Augenblick eben, in dem das Schicksal zulangt und das Dasein ordentlich durcheinander rüttelt. Sie können natürlich fragen, ob das nicht in jeder guten Geschichte der Fall ist. Wir könnten antworten, an sich ja, aber so manche Geschichte versagt dann eben doch. Unsere versagen nicht.

"You ain't seen nothing yet", sagte Al Jolson in dem Film „The Jazzsinger", den es als ersten abendfüllenden Tonfilm überhaupt gibt. Dem ist nichts hinzuzufügen. Also, sehen Sie selbst!

http://edition-narrenflug-shop.org
http://edition-narrenflug.com

Peter Braukmann

DIE INSELN

- Thriller - Dystopie -

ISBN: 978-3-945242-00-1 - Preis: 13,50 €

Berlin, um die Mitte des 21. Jahrhunderts: Eine strahlende Metropole, ein Tummelplatz der Jungen, Schönen und Reichen. Wer das Ruhestandsalter erreicht, darf sich aus der lärmenden Großstadt auf die idyllischen neuen Inseln vor der Nordseeküste zurückziehen und dort einen ruhigen sorglosen Lebensabend verbringen – Menschen, die ihr Leben lang gearbeitet haben, haben das ja wohl verdient. Für alle, die sich der perfekten Organisation doch nicht anpassen wollen, gibt es Nischen. In so einer hat sich der junge Musiker John Turner angenehm eingerichtet. Als er auf die große Liebe seines Lebens stößt, könnte doch alles wunderbar sein. Aber dann stellt John eine Frage zuviel – und muss feststellen, dass seine behagliche Nische überraschend große Ähnlichkeit mit einer Gefängniszelle hat.

Peter Braukmanns erster Roman – ein Thriller? Ein Science Fiction? Eine Dystopie? Oder etwas von allem und doch etwas ganz Eigenes?

Gabriele Haefs – Übersetzerin/Autorin

http://edition-narrenflug-shop.org
http://edition-narrenflug.com